$F_{2795}$
Distill.

# RECUEIL

## DES STATUTS,
## ARRESTS, SENTENCES
## ET REGLEMENS,

### DE LA COMMUNAUTÉ
des Maîtres Diſtillateurs, Marchands d'Eau-
de-Vie & de toutes ſortes de Liqueurs, de
la Ville & Fauxbourgs de Paris.

A PARIS,
De l'Imprimerie de J. CHARDON, rue Galande, près
la Place Maubert, à la Croix d'Or.

M. DCC. XL.

# LETTRES

## PATENTES

### De confirmation des Statuts des Diſtilla-teurs en l'Art de Chimie, & Vendeurs d'Eau-de-Vie.

*Du mois de Janvier mil ſix cens trente-ſept.*

OUIS, PAR LA GRACE DE DIEU, Roy de France et de Navarre : A tous préſens & à venir, Salut. Après avoir fait voir en Noſtre Conſeil les Régles & Statuts neceſſaires pour la Vaccation & Métier de Diſtillateur & Faiſeur d'Eau-de-Vie & d'Eau forte, & de tout ce qui provient de lie & beſſiere de Vin pour l'utilité publique, cy-attachés ſous le contre-ſcel de noſtre Chancellerie, avec l'Avis de noſtre Lieutenant Civil & de noſtre Procureur au Chaſtelet de Paris du 13 Octobre 1634. pour l'homologation deſdits Articles & cahiers tranſcrits pour l'exécution dudit métier Juré en notre Ville de Paris, pour être regis & gouvernez ſelon leſdits Articles d'Ordonnance ; enſemble les Arreſts de notre Cour de Parlement de Paris des 7 Septembre 1624. premier Février 1631. & 11 Avril 1634. donnés entre

A

les Expofans & les Maîtres Vinaigriers, auffi ci-attachez: De l'A-
vis de notre Confeil, AVONS CONFIRME' ET APPROU-
VE', confirmons & approuvons lefdits Articles & Statuts, pour
être gardez & obfervez de point en point & autant que befoin eft
ou feroit, Créons & érigons par ces préfentes fignées de notre
main, ledit Art & Métier de Faifeur d'Eau - de - Vie & d'Eau-
Forte, en métier Juré, à l'inftar des autres métiers de cette Ville
de Paris, avec défenfes à toutes perfonnes de contrevenir aufdits
Articles & Statuts, à peine de tous dépens, dommages & interêts. Si DONNONS EN MANDEMENT à Notre Prévôt de Paris ou
fon Lieutenant Civil, que de nos préfentes Lettres de confirmation & Statuts en érection dudit métier en métier Juré, ils
faffent, fouffrent les jouir & ufer paifiblement & perpetuellement, fans qu'il y foit contrevenu: CAR TEL EST NOSTRE PLAI-
SIR. Et afin que ce foit chofe ferme & ftable à toujours, Nous
avons fait mettre fcel à cefdites préfentes, fauf en autre chofe
notre droit & l'autrui en tout. DONNE' à Paris, au mois de Janvier mil fix cent trente-fept, Et de notre regne le vingt-feptiéme. Signé, LOUIS. Et fur le repli. Par le Roy, DE LOMENIE.
Et fcellées en laps de foye, du grand Sceau de cire verte.

## STATUTS DU CHASTELET,
du treiziéme Octobre 1634.

*Extrait & Ordonnance faite & rédigée par écrit pour le
métier des Diftillateurs & Vendeurs d'Eau-de-Vie, Eau
Forte, & de tout ce qui proviendra de lie & beffiere de
vin.*

### PREMIEREMENT.

QU'AUDIT métier de Diftillateur & Vendeur; il y aura deux
Prud'hommes, qui feront élûs pardevant Nous Procureur
du Roy au Châtelet de cette Ville de Paris, en la maniere accoutumée aux autres métiers, pour être Jurez & Gardes dudit métier, lefquels auront puiffance de vifiter en la Ville, Fauxbourgs
& Banlieuë de Paris, toutes Diftillations d'Eau-de-Vie & Eau
forte qui fe feront dans ladite Ville, Fauxbourgs & Banlieuë de
Paris, & qui arriveront en ladite Ville & Fauxbourgs, tant par

eau que par terre, même tant ès maiſons des Maîtres dudit métier, qu'autres lieux de cette Ville, Fauxbourgs & Banlieuë, où
ils feront avertis qu'il y aura autres qui voudront entreprendre ſur
ledit métier, & les contrevenans à ces Statuts & abus qui s'y
pourroient commettre, faire par leſdits Jurez tous exploits que
peuvent faire tous les autres Jurez d'autre métier de cette Ville,
en cas ſemblable.

## I I.

*Item,* Quiconque voudra être Maître dudit métier, ſera tenu
payer neuf livres tournois; Sçavoir trois livres tournois pour le
droit du Roi, autres trois livres pour ſervir aux affaires qui pourroient arriver au Corps dudit métier, & ſemblable ſomme de
trois livres aux Jurez dudit métier, & faire le Serment pardevant
ledit Sieur Procureur du Roi, pardevant lequel les Jurez feront
leur rapport des contraventions qui ſe commettront par les Maîtres, ainſi que font les Jurez des autres métiers.

## I I I.

*Item,* nul Compagnon dudit métier ne pourra parvenir à la
Maîtriſe, qu'il n'ait ſervi comme Apprentif un deſdits Maîtres
dudit métier le temps & eſpace de quatre ans entiers, & qu'il ne
faſſe apparoir de ſon Brevet d'apprentiſſage.

## I V.

*Item,* Qu'aucun Compagnon aſpirant à la Maîtriſe ne pourra être Maître qu'en faiſant chef d'œuvre en la préſence des Jurez, & qu'il n'ait été par eux certifié capable & prêté le Serment
par devant ledit Sieur Procureur du Roi.

## V.

*Item,* Nul Maître dudit métier tenant Boutique en cette Ville,
Fauxbourgs & Banlieuë d'icelle, ne pourra tenir plus d'un Apprentif, lequel ſera obligé à lui pour le temps & eſpace de quatre années, ſur peine de trois livres pariſis d'amende, appliqua-
ble moitié au Roi, & l'autre moitié aux Jurez.

## V I.

*Item,* Leſdits Maîtres ne pourront prendre autres Apprentifs,
que celui qui eſt obligé à lui pour le temps de quatre ans, ſinon
la derniere année deſdits quatre ans dudit apprentiſſage, qui lui
ſera loiſible d'en prendre un autre & non plutôt, ſur peine de vingt-
quatre livres pariſis d'amende, applicable comme deſſus.

## V I I.

*Item,* Si l'un deſdits Apprentifs obligé pour ledit temps de

quatre ans d'apprentiffage, s'enfuit & s'abfente hors du logis &
fervice de fon Maître, celui qui aura obligé ledit Apprentif, fera
tenu de repréfenter ledit Apprentif & le rendre au fervice de fon
Maître, ou bien juftifier comme il aura fait recherche d'icelui
dans ladite Ville, Fauxbourgs & Banlieuë; cela fait, & au défaut
de ne pouvoir repréfenter ledit Apprentif, fera loifible audit Maître de prendre un autre Apprentif, & icelui faire obliger pour le
dit temps de quatre ans.

## V I I I.

*Item*, Que nul Maître dudit métier de Diftillateur & Vendeur, ne pourra tenir ou avoir dans fa maifon aucun Compagnon
dudit métier, qui foit alloué & obligé à un autre Maître pendant
& durant le temps de fon obligé, ains fera tenu le rendre au
Maître, auquel il fera tenu & obligé pour achever fondit temps,
& ne fera permis à aucun Maître recevoir en fon fervice aucun
Compagnon fans le confentement du Maître d'où il fortira, fur
peine de pareille amende, & de vingt-quatre livres parifis appli-
cables comme deffus.

## I X.

*Item*, Que les fils de Maîtres de chef-d'œuvre qui auront fervi
audit métier fous leur pere ou autres Maîtres, pourront parvenir
à la maîtrife, & gagner la franchife, fans être tenus de montrer
aucunes Lettres d'Apprentiffage, fans faire aucun chef-d'œuvre,
ayant atteint l'âge de dix-huit à vingt ans, en payant toutes-fois
les droits du Roi & Jurez tels que deffus eft dit; Et au cas que
lefdits Maîtres ayent des filles, icelles affranchiront un Compagnon Apprentif dudit métier en cette Ville, qu'ils épouferont,
en payant les droits du Roi & Jurez comme deffus.

## X.

*Item*, Que les Maîtres dudit métier feront tenus de travailler
de bonne lie & beffiere de Vin, & en toutes les opérations qui
fe peuvent tirer dudit Vin, dites lies & beffieres de Vin; comme
preffoirs & baculles provenans defdites lies & beffieres de Vin,
& faire gravelée, le tout conformément aux Arrêts de la Cour
de Parlement; Et pour empêcher les abus & malverfations qui
fe pourroient commettre audit métier, feront faites deffenfes d'en
faire de pied de bac, bierre & lie de cidre, à tous Diftillateurs
& Vendeurs de les compofer de plufieurs drogues qui feront
nommées ci-après; fçavoir poivre long, poivre rond, graine de
geniévre, gingembre & autres drogues non convenables au

corps humain, fur peine de confifcation defdites marchandifes ; & de vingt-quatre livres parifis d'amende, applicable moitié au Roi, & l'autre moitié aux Jurez.

## X I.

*Item*, Que tous les Maîtres auront vifitation fur toutes fortes de marchandifes dudit métier, qui fe pourront amener en cette Ville de Paris, tant par eau que par terre, par Marchands forains & autres, lefquels ne les pourront vendre ni expofer en vente, qu'au préalable ladite vifitation n'ait été faite par lefdits Jurez, lefquels lefdits Marchands forains & autres feront tenus d'avertir, fur peine de confifcation defdites Marchandifes, & de vingt-quatre livres parifis d'amande, applicable comme deffus.

## X I I.

*Item*, Pour obvier aux abus & monopoles qui fe pourroient commettre à l'achapt defdites Marchandifes qui pourroient être amenées en cette Ville & Fauxbourgs de Paris par les Marchands forains & autres, ne pourront lefdits Maîtres acheter defdits Marchands forains & autres les Marchandifes d'iceux, qu'auparavant ils ne l'ayent expofées en vente au lieu qui fera par eux nommé, fur peine de confifcation des Marchandifes, & de vingt-quatre livres parifis d'amande, applicable comme deffus.

## X I I I.

*Item*, S'il advient qu'aucun Maître dudit métier allât de vie à trépas, délaiffant fa veuve; icelle veuve pourra tenir, ouvrir & faire travailler en fa maifon, ouvriers & compagnons qui auront fait apprentiffage chez un Maître dudit métier, pendant le temps de fa viduité feulement, fans qu'il lui foit loifible d'avoir aucun Apprentif, fur peine de pareille amende, & de vingt-quatre livres parifis, applicable comme deffus.

## X I V.

*Item*, Qu'il ne fera loifible à aucunes perfonnes de cette Ville, Fauxbourgs & Banlieuë, de travailler ou faire travailler dudit métier, fur peine de confifcation de ladite Marchandife & Uftancilles, fervans audit travail, & de vingt-quatre livres parifis d'amende, applicable comme deffus.

V E U par Nous Michel Moreau, Confeiller du Roi en fes Confeils d'Etat & Privé, Prévôt des Marchands & Lieutenant Civil de la Ville, Prévôté & Vicomté de Paris, & Michel le Tellier, Procureur dudit Seigneur Roi, en fon Châtelet de Paris,

les Articles à Nous préfentez par Simon Dumoulin , Jacques Dumoulin & Philippes Denife , Faifeurs d'Eau-de-Vie , afin que le
bon plaifir de Sa Majefté fût de leur octroyer la confirmation , va-
lidation & homologation defdits Articles en forme d'Ordonnance , & qu'en ce faifant leur métier fût réduit en métier-Juré , comme les autres métiers-Jurez de cette Ville de Paris : Veu les Arrêts
de la Cour par eux obtenus contre les Jurez Vinaigriers , en datte
des fept Septembre 1624. & onze Avril dernier , an préfent 1634.
enfemble le Procès-verbal de comparution fait en l'Hôtel de
Monfieur Maître Claude le Clerc , fieur de Courcelles , Confeiller en ladite Cour , en datte du vingt-neuf Août 1633. par lequel
appert experience avoir été faite par les deffufdits pour tirer de
l'Eau-de-Vie & Eau-Forte en la préfence defdits Jurez Vinaigriers , & de Maître Jacques Perreau & Gabriel Hardoüin de
Saint-Jacques , Docteurs en la Faculté de Medecine à Paris , Paul
Chevalier & Simon de Seigneville , Maîtres Apoticaires-Epiciers
pour Paris , & Michel Semelle , Bourgeois de Paris , commis
par lefdits Arrêts.

NOtre avis eft , fous le bon plaifir de fadite Majefté , qu'elle
peut homologuer lefdits Articles & Cahiers tranfcrits : ce
faifant ériger ledit métier en métier-Juré en cette Ville de Paris ,
pour être regi & gouverné felon lefdits Articles d'Ordonnance ,
& qu'à ladite homologation la chofe publique n'a aucun interêt
& dommage. Fait fous nos feings , ce Vendredi treiziéme jour
d'Octobre mil fix cens trente-quatre. Et ont lefdits fieurs Lieutenant Civil & Procureur du Roi figné la minute des préfentes ,
demeurée vers & en la poffeffion de Lemarchant , Commis au
Greffe de la Chambre Civile & Tournelle dudit Châtelet , fouffigné , figné Lemarchant.

*Lettres de Surant du 21 Décembre 1670. pour l'enregiftre-
ment des Statuts des Diftillateurs , & Vendeurs d'Eau-
de-Vie au Parlement.*

LOUIS , par la grace de Dieu , Roi de France & de Navarre :
A nos amez & feaux Confeillers les gens tenans notre Cour
de Parlement de Paris , Salut. De la partie de Samuel Dumoulin,

7

fils & heritier de feu Simon Dumoulin Maître Diſtillateur & Vendeur d'Eau-de-Vie & d'Eau Forte en cette Ville de Paris ; Nous
a été expoſé qu'au mois de Janvier de l'année 1637. Nous aurions
accordé audit défunt Simon Dumoulin Nos Lettres Patentes, pour
ériger en Maîtriſe Jurée l'art & métier de Diſtillateur d'Eau-de-Vie
& d'Eau-Forte, & de tout ce qui provient de lie & beſſiere de Vin,
pour en jouir conformément aux Statuts & Réglemens préſentez
en notre Conſeil , leſquelles Lettres nous aurions addreſſées à notre Prévôt de Paris & ſon Lieutenant Civil , & depuis à notre
Cour des Monnoyes, pour les enregiſtrer & vérifier , ce qui auroit été fait ; mais parce que l'Expoſant a interêt qu'elles le ſoient
pardevant Vous, il a été conſeillé de ſe pourvoir pardevant Nous
pour obtenir nos Lettres de Surant. A ces Causes , Vous mandons que leſdites Lettres ci-attachées ſous le contre-ſcel de Notre
Chancellerie , vous ayez à faire jouir l'Expoſant du contenu en
icelles , & vérifier & regiſtrer de point en point ſelon leur forme
& teneur : Car tel eſt notre plaiſir. Donne' à Paris , le vingt-un
Décembre l'an de grace mil ſix cent ſoixante-dix. Et de notre regne le vingt-huitiéme. Par le Roi en ſon Conſeil. Signé De Sain.

*Arreſt de Vérification des Statuts des Diſtillateurs & Vendeurs
d'Eau-de-Vie.*

Du dix-huit Janvier 1674.

EXTRAIT DES REGISTRES DE PARLEMENT.

VEU par la Cour les Lettres Patentes du Roi, données à
Paris au mois de Janvier 1637. Signées LOUIS. Et ſur le
repli, Par le Roi, DE LOMENIE, Et ſcellées en lacs de ſoye du
grand ſceau de cire verte , obtenuës par les Syndic & Jurez des
Maîtres Diſtillateurs & Vendeurs d'Eau-de-Vie de cette Ville &
Fauxbourgs de Paris, par leſquelles & pour les cauſes y contenuës
ledit Seigneur auroit confirmé & approuvé les Articles deſdits Statuts faits pour ledit métier, pour être gardez & obſervez , ainſi que
plus au long le contiennent leſdites Lettres : Ces Lettres de relief
d'adreſſe en ladite Cour du 21 Décembre 1670. Arrêt portant
qu'avant proceder à l'enregiſtrement elles ſeroient communiquées
au Lieutenant de Police & au Subſtitut du Procureur Général du

Roi au Châtelet de Paris ; pour leur donner leur avis fur icelles & fur lefdits Statuts, pour ce fait rapporté & communiqué au Procureur Général du Roi être ordonné ce que de raifon, l'avis dudit Lieutenant de Police & du Subftitut du 7. Octobre dernier, lefdits Articles & Statuts faits pour ledit métier; Requête defdits impetrans afin d'enregiftrement defdites Lettres; Conclufions du Procureur Général du Roi. Ouy le rapport de Me. Jacques Canaye, Confeiller du Roi en ladite Cour, Et tout confideré. LA COUR a ordonné & ordonne que lefdites Lettres & Statuts feront enregiftrées au Greffe de la Cour, pour jouir par les impetrans de l'effet & contenu en icelles, & être executées felon leur forme & teneur, à l'exception toutesfois que lefdits Diftillateurs ne feront aucune vifite chez les Apoticaires & Vinaigriers ; pourront faire diftiller, acheter & débiter des Eaux-de-Vie ainfi qu'ils ont accoutumé, fuivant les Arrêts & Réglemens des 11 Avril 1634. & 10 Avril 1666. comme auffi que lefdits impetrans ne pourront faire aucunes vifites fur les marchandifes d'Eau-de-Vie qui feront amenées en cette Ville par les Marchands forains, tant par eau que par terre. FAIT en Parlement le dix-huit Janvier mil fix cent foixante-quatorze. Signé par Collation, DONGOIS.

# STATUTS

## DE LA COUR DES MONNOYES.

*Du cinq Avril mil fix cens trente-neuf.*

### Extrait des Regiftres de la Cour des Monnoyes.

*Statuts & Réglemens faits pour le métier de Diftillateur d'Eau-Forte, d'Eau-de-Vie & autres Eaux, Efprits, Huilles & Effences.*

PRemierement pour empêcher les abus qui fe commettent journellement par plufieurs perfonnes, qui, fans avoir ferment à Juftice, prennent la liberté de tenir chez eux des Fourneaux, & fous prétexte de Medecine, font Eau-Forte & autres Huiles, Efprits & Effences de Soufre, d'Alun, de Vitriol, de Salpêtre, &

Sel

*Sel Armoniac* ; servant à la diffolution & altération de l'Or & de l'Argent, & même font Eaux de Regalles, avec lefquelles ils diminuent les Monnoyes d'Or & les affoibliffent en leurs poids, tantôt d'un quart ou d'un cinquiéme, plus ou moins fans alterer la figure. Le Métier de Diftillateur d'Eau-Forte, d'Eau-de-Vie & autres Eaux, Huilles, Effences & Efprit, fera Juré en cette Ville, Fauxbourgs & Banlieuë de Paris.

### I I.

Que les Maîtres dudit métier feront obligés de tenir bon & fidels Regiftres, contenant les noms, fur-noms, demeures & qualités de ceux ou celles à qui ils vendront de l'Eau-Forte, & iceux repréfenter en ladite Cour tous les mois, & toutes fois & quantes qu'il plaira à ladite Cour de l'ordonner, & ne pourront en vendre plus de deux livres à la fois, fans permiffion de la Cour, finon au Maître de la Monnoye & aux Affineurs.

### I I I.

Qu'il n'y aura que les Maîtres dudit métier, tant en cette Ville de Paris, que Fauxbourgs & Banlieuë d'icelle. Et que nul ne pourra exercer ledit métier, faire, ni vendre lefdites Eau-Forte, Eau-de-Vie & autres Eaux, Huilles, Effences & Efprits, ni tenir Fournaux ni Uftencilles propres à ce faire, s'il n'eft reçu Maître dudit métier, fors & excepté le Maître de la Monnoye & les Affineurs, lefquels feront maintenus dans le pouvoir de faire Eau-Forte feulement.

### I V.

Que ladite Cour députera de temps en temps deux des Officiers d'icelle, pour vifiter les Maîtres dudit métier, fans aucuns frais.

### V.

Que lefdits Maîtres feront tenus de donner avis à ladite Cour de tous ceux qu'ils fçauront avoir Fourneaux propres à fondre en leurs maifons, ou faire lefdites Eau-Forte, Huilles & Effences fans permiffion de ladite Cour.

### V I.

Que lefdits Maîtres ne prêteront leurs Fourneaux à qui que ce foit, fous prétexte de Médécine ou autrement, fauf à ceux qui en auront befoin, pour faire quelques operations de Médécine, de fe pourvoir fuivant les Ordonnances, par devers ladite Cour, pour avoir permiffion de faire lefdites operations chez l'un des Maîtres dudit métier.

B

## V I I.

Que deffenses seront faites à toutes personnes de faire Eau de Regalles, servant à affoiblir les Monnoyes, sans alterer la figure.

## V I I I.

Qu'aucun desdits Maîtres ne pourra faire les opérations dudit métier, ni tenir les Fourneaux à ce nécessaires, qu'en une maison seulement, qui ne soit point à l'écart, ni en lieux trop éloignés ; & qu'il sera tenu de désigner à la Cour, & même lui donner avis quand il changera de demeure pour aller faire lesdites opérations en autre lieu, & ne pourront tenir leursdits Fourneaux qu'en lieux faciles à visiter.

## I X.

Qu'il y aura toujours deux Jurez & Gardes dudit métier, avec deux des plus anciens Bacheliers, sçavoir un ancien & un nouveau, & que pour cet effet, élection se fera par chacun an par les Maîtres dudit métier, pardevant le Procureur Général de ladite Cour, d'un nouveau Juré Garde dudit métier, qui fera le serment en ladite Cour & non ailleurs, & exercera conjointement avec l'ancien ; en sorte que chacun d'eux exercera ladite Charge de Juré l'espace de deux ans, & que pour la premiere fois seulement il en sera élû deux, sçavoir un pour deux ans & l'autre pour trois ans.

## X.

Que les Jurez feront toutes les semaines leurs visites tant sur les riches que sur les pauvres, & d'icelles feront bons procès verbaux contenant les abus & malversations qu'ils auront trouvez, dont ils seront tenus faire bon & fidel rapport à ladite Cour, sans qu'il leur soit loisible s'accorder avec les contrevenans, à peine de cinquante livres d'amende pour la premiere fois, qui doublera pour la seconde.

## X I.

*Item*, Les Jurez feront leurs visites sur tous ceux qui se mêlent de Distillations Alchymistes & autres personnes qui tiennent Fourneaux, font Eau-de-Vie, Eau-Forte, Esprits, Huilles & Essences, forts & excepté sur les Maîtres de la Monnoye & Affineurs, & que contre les contrevenans à ces Statuts & Réglemens, lesdits Jurez pourront faire toutes saisies & tous Exploits que peuvent faire tous autres Jurez d'autres métiers en cas semblable, & auront lesdits Jurez le tiers des amendes & confiscations qui proviendront des saisies par eux faites, & des rapports qu'ils seront tenus faire à ladite Cour.

## X I I.

Et pour empêcher que les contrevenans à ces articles puiſſent par des conflits de juriſdiction affectées, ſe ſouſtraire aux yeux de la Juſtice, & aux peines qu'ils auroient meritées ; que toutes cauſes, procès & différens mûs & à mouvoir pour raiſon dudit métier, circonſtances & dépendances entre les Maîtres dudit métier, Compagnons, Apprentifs ou autres perſonnes de quelque qualité ou condition que ce ſoit, ſeront jugez en ladite Cour, avec défenſes à tous autres Juges d'en connoître, & aux Parties de ſe pourvoir ailleurs, à peine de nullité, caſſation de procedure, & de cinq cens livres d'amende.

## X I I I.

*Item*, Que les Maîtres dudit métier ſeront tenus de travailler de bonne lie & beſſiere de Vin, & Vin fuſté & non aigre, non puant en toutes les opérations qui ſe peuvent tirer du Vin deſdites lies & beſſiere, & faire bonne gravelée, le tout conformément aux Réglemens qui ſeront ſur ce faits par ladite Cour ; Et pour empêcher les abus & malverſations qui ſe peuvent commettre audit métier, ſeront faites défenſes d'en faire de pied d'ébat, bierre & de lie de cidre, & à tous Diſtillateurs de les compoſer de pluſieurs drogues qui ſeront nommées ci-après ; ſçavoir poivre long & rond, gingembre & autres drogues non convenables au corps humain, ſur peine de confiſcation deſdites marchandiſes, & de deux cens livres d'amende.

## X I V.

*Item*, Que tous les Maîtres auront viſitation ſur toutes ſortes de marchandiſes dudit métier, qui ſeront amenées en cette Ville de Paris, tant par eau que par terre, par Marchands forains & autres, leſquels ne les pourront vendre ni expoſer en vente qu'auparavant ladite viſitation n'aye été faite par leſdits Maîtres Jurez dudit métier, leſquels leſdits Marchands forains & autres ſeront tenus d'avertir, ſur peine de confiſcation deſdites marchandiſes, & de deux cens livres d'amende.

## X V.

*Item*, Pourront leſdits Maîtres acheter de toutes ſortes de perſonnes des lies & beſſieres de Vin, & Vin fuſté, non puant & non aigre, & propre à faire de l'Eau-de-Vie.

## X V I.

*Item*, Pour obvier aux abus & monopoles qui ſe pourroient commettre à l'achapt deſdites marchandiſes qui pourroient être

amenées en cette Ville de Paris & Fauxbourgs par les Marchands
forains, auront lefdits Maîtres dudit métier un Bureau commun,
auquel lieu ils feront tenus d'expofer en vente lefdites marchandifes qui viendront de dehors, icelles préalablement vifitées, devant laquelle vifitation & expofition ne pourront lefdits Maîtres
acheter, ni lefdits Marchands vendre icelles, à peine de confifcation defdites marchandifes, & de deux cens livres d'amende.

### XVII.

*Item*, S'il advient qu'aucun Maître dudit métier allât de vie à
trépas, délaiffant fa veuve, icelle veuve pourra tenir Ouvriers, &
faire travailler en fa maifon Ouvriers & Compagnons qui auront
fait apprentiffage chez les Maîtres dudit métier pendant fa vídui-
té feulement, fans qu'il lui foit loifible d'avoir aucuns Apprentifs, fur peine de pareille amende.

### XVIII.

*Item*, Qu'il ne fera loifible à aucunes perfonnes de cette Ville, Fauxbourgs & Banlieuë, autres que les Maîtres de vendre &
debiter lefdites Eaux-Fortes, Eaux-de-Vie & autres Eaux, Huilles, Efprits & Effences, fur peine de confifcation defdites marchandifes & uftancilles fervant audit métier & travail, & de deux
cens livres d'amende.

### XIX.

*Item*, Que les Maîtres dudit métier ne pourront exiger des Afpirans à la maîtrife plus de foixante livres lors de leur reception,
pour tous les frais qu'il conviendra faire pour les affaires commu-
nes dudit métier, & huit livres pour les droits de chaque Juré.

### XX.

*Item*, A l'avenir nul ne pourra être reçu audit métier, finon
qu'il ait été Apprentif chez un Maître par l'efpace de quatre ans
pour le moins, duquel temps il ne fe pourra racheter, & qu'il n'ait
atteint l'âge de vingt-quatre ans, & travaillé deux ans chez les
Maîtres en qualité de Compagnon.

### XXI.

*Item*, Si l'un defdits Apprentifs obligé pour ledit temps de quatre ans s'enfuit hors du logis & fervice de fon Maître, celui qui
aura obligé ledit Apprentif fera tenu de le repréfenter & le rendre
au fervice de fondit Maître, ou juftifier comme il aura fait recherche d'icelui dans la Ville, Fauxbourgs & Banlieuë de Paris, &
faute de pouvoir par lui repréfenter ledit Apprentif, fera tenu de
le déclarer aux Jurez dudit métier, enfemble le jour de la fuite dudit

Apprentif, & leur mettre entre les mains lefdites Lettres d'Apprentiffage, pour en être par les Jurez fait bon & loyal Regiftre, quoi fait, pourront lefdits Maîtres fe pourvoir d'un autre Apprentif, & icelui faire obliger pour pareil temps de quatre ans. Et ne pourra aucun Maître dudit métier tenir en fa maifon aucun Apprentif qui foit obligé à un autre Maître pendant le temps de fon obligé, fans le confentement dudit Maître, ains fera tenu de le lui rendre & remettre entre les mains.

### X X I I.

*Item*, Seront tenus les Maîtres dudit métier en prenant Apprentifs, les faire obliger par acte paffé au Greffe de ladite Cour, pour ledit temps de quatre ans, fans difcontinuation dudit fervice, & mettre les Lettres de ladite obligation dans trois jours pour le plus tard, à compter du jour de leur datte, entre les mains des Jurez pour être par eux enregiftrées.

### X X I I I.

*Item*, Les Apprentifs ne feront reçus Maîtres dudit métier, qu'ils ne fçachent lire & écrire, & feront examinez par les Jurez, après lequel examen s'ils font trouvez fuffifans, feront reçus à faire chef-d'œuvre devant lefdits Jurez en préfence de l'un des Confeillers de ladite Cour, qui fera à ce commis, lefquels après leur être apparu tant par ledit examen que par ledit chef-d'œuvre de la capacité defdits Apprentifs, & qu'ils fçachent lire & écrire, enfemble de leur Brevet d'apprentiffage, qu'ils auront fervi ledit temps de quatre ans, & fe préfenteront à ladite Cour, en laquelle ils feront de nouveau examinez avant que d'être reçus à faire le ferment de Maître dudit métier.

### X X I V.

*Item*, Que les fils de Maîtres de chef-d'œuvre qui auront fervi audit métier fous leur pere, ou autres Maîtres, ne feront tenus de montrer aucune Lettre d'apprentiffage pour parvenir à la maîtrife, pourvû qu'ils ayent l'âge de vingt-quatre ans, & qu'il foit apparu de leur capacité.

### X X V.

*Item*, Nul Maître dudit métier ne pourra tenir plus d'un Apprentif, lequel fera obligé à lui pour le temps & efpace de quatre ans.

LA COUR, fous le bon plaifir du Roi, a ordonné & ordonne que ces préfens Réglemens tiendront lieu de Statuts & Réglemens pour le métier de Diftillateur d'Eau-Forte & Eau-de-Vie

B iij

& autres Eaux, Efprits, Huilles & Effences ; & que les Maîtres
d'icelui, feront tenus de les garder & obferver inviolablement à
l'avenir, fans y contrevenir, en quelle maniere que ce foit. FAIT
en la Cour des Monnoyes, le cinquiéme Avril mil fix cent trente-
neuf. Signé par Collation, DE LAISTRE.

---

# EXTRAIT DES REGISTRES
## de la Cour des Monnoyes.

### *Du cinquiéme Avril* 1639.

ENTRE Simon, Samuel, Jacques & David Dumoulin, &
Pierre Gondelle Menezan, Maîtres Diftillateurs d'Eau-de-
Vie & Eau-Forte & autres Eaux, demandeurs d'une part ; & les
Maîtres Affineurs de cette Ville de Paris, deffendeurs & oppofans d'autre. VEU par la Cour la Requête à elle préfentée par lefdits demandeurs, tenante à ce qu'il plaife à la Cour enregiftrer
les Lettres de Chartres du mois de Janvier 1637. & les articles y
attachez, les recevoir Maîtres dudit métier, & leur donner main-
levée de leurs Fourneaux & autres Uftenciles fervans à la Diftillation, l'Arrêt du Confeil du 5 Octobre 1638. par lequel fur les Requêtes defdites parties, tendantes à ce qu'il plût à Sa Majefté pour
les raifons y contenues, les renvoyer en ladite Cour, & lui attri-
buer toute jurifdiction & connoiffance, privativement à tous autres
Juges, de ce qui concerne leurdit métier de Diftillateur d'Eau-
Forte, Eau-de-Vie, circonftances & dépendances, & ordonne
que les Lettres de chartres du mois de Janvier 1637. portant érection de leur dit métier, y feroient regiftrées, avec deffenfes à tous
autres Juges de prendre connoiffance du fait d'icelle, circonftances & dépendances, & à toutes perfonnes de fe pourvoir pour
raifon de ce ailleurs qu'en ladite Cour, à peine de nullité, caffation de procedures, & de tous dépens, dommages & interêts, contre
les contrevenans ; Sa Majefté auroit du confentement de toutes les
parties, renvoyé lefdites Requêtes en ladite Cour, & lui en auroit
attribué toute cour, jurifdiction & connoiffance, & icelle interdite
à tous autres Juges, pour être pourvû aux parties ainfi qu'il appartiendra par raifon, même pour l'enregiftrement defdites Lettres de
chartres : Lettres de Sa Majefté attachées audit Arrêt, portant renvoi defdites Requêtes & defdites Lettres de chartres en lad. Cour.

des Monnoyes, & mandement à icelle de proceder à l'enregiftrement defdites Lettres de chartres du mois de Janvier 1637. nonobftant qu'elles ne lui foient pas adreffées, & qu'elles foient furannées avec attribution de jurifdiction & connoiffance du fait defdites Requêtes & Lettres de chartres privativement à tous autres Juges. Autre Requête defdits demandeurs, à ce que pour les caufes y contenues, & attendu que les Supplians n'ont autre deffein que d'empêcher les abus qui fe commettent journellement par plufieurs perfonnes, qui fans avoir ferment en Juftice & au mépris des Edits, Ordonnances & Réglemens des Monnoyes, fe donnent la liberté de tenir Fourneaux en leurs maifons, encore que par l'Edit du mois de Janvier 1637. il foit en termes exprès défendu à toutes fortes de perfonnes, fous pretexte de Médécine ou autrement, de tenir chez foi Fourneaux ni autres chofes fervans à fondre ou alterer les métaux, fans permiffion du Roi, vérifiée en la Cour, & fous pretexte de faire Eau-de-Vie & autres Eaux, fondent & alterent les métaux, ce qui ne pourroit pas être, ledit métier étant Juré, d'autant que les Maîtres d'icelui feroient fujets aux vifites de ladite Cour, qui au au moyen d'icelles pourront empêcher toutes malverfations, & qu'ayant ferment à ladite Cour, ils feront tenus de lui donner avis de tous les abus qui viendroient à leur connoiffance, il plût à la Cour ordonner que lefdites Lettres du mois de Janvier 1637. portant création de leur Art de Diftillateur d'Eau-Forte, d'Eau-de-Vie & autres en métier juré, feront enregiftrées, pour en jouir par les impetrans fuivant & conformément à icelles, & en ce faifant les faire prêter ferment en tel cas requis & accoutumé, fe rapportant à la Cour de voir & examiner leurs Statuts & Réglemens pour y changer, ajoûter ou diminuer ainfi qu'ils trouveront par raifon ; les Lettres de chartres du mois de Janvier 1637. par lefquelles Sa Majefté auroit érigé l'Art de Diftillateur d'Eau-Forte, Eau-de-Vie & autres, en métier juré. Arrêt de ladite Cour du 11 Octobre 1638. portant retention de la caufe entre les demandeurs d'une part, & les Maîtres de la Monnoye de Paris, d'autre ; que les Affineurs feroient appellez au premier jour, pour voir déclarer l'Arrêt commun avec eux. L'exploit de fignification dudit Arrêt par Gerin Huiffier, aufdits Affineurs. Autre Arrêt de ladite Cour du 4 Octobre, par lequel ledit Arrêt du 11 Octobre auroit été déclaré commun avec lefdits Affineurs. Autre Arrêt de ladite Cour du 21 Octobre, portant défaut aufdits demandeurs contre lefdits oppofans par vertu duquel auroit été ordonné que les demandeurs communiqueroient aufdits défendeurs & oppofans leurs Statuts & Réglemens pour en venir au premier jour. Autre Arrêt du 30 Octobre audit an, par lequel ladite Cour auroit ordonné que lefdites parties en viendroient au lendemain de la S. Martin, & cependant fait mainlevée aufdits demandeurs de leurfdits Fourneaux, à eux permis d'exercer leurdit métier par provifion, & donné acte au Maître de la Monnoye de Paris, de ce qu'il n'empêchoit pas l'enregiftrement defdites Lettres, à la charge que les impetrans ne le pourroient empêcher de faire des Eaux-Fortes, neceffaires pour la fonction de la Monnoye. Autre Arrêt du               dernier, portant divers délais aufdits oppofans & défendeurs. Autre Arrêt du               donné à l'Audience contre lefdits Maîtres Diftillateurs d'Eau-de-Vie, Eau-Forte & autres Eaux, demandeurs d'une part : Et lefdits Maîtres Affineurs de Paris, défendeurs & oppofans d'autre ; par lequel après que Me.               Richer Avocat pour les demandeurs, Bluet pour lefdits défendeurs & oppofans, & le Procureur Général du Roi auroient été oüis ; la Cour auroit joint ladite oppofition defdits Affineurs aufdites Lettres, & ordonné qu'il feroit fait droit fur le Regiftre ; lefdites Lettres de chartre du mois de Janvier 1637. par lefquelles Sa Majefté auroit érigé l'Art de Diftillateur en métier-Juré, enfemble les Articles dudit métier, attachez aufdites Lettres : VEU lefdites pieces, & le tout confideré. LA COUR a ordonné & ordonne que lefdites Lettres de chartres du mois de Janvier, Arrêt du Confeil du 5 Octobre 1638. & Lettres y attachées, feront regiftrées au Regiftre d'icelle, qu'en ce faifant ledit métier de Diftillateur d'Eau-Forte, Eau-de-Vie & autres Eaux, Efprits, Huilles & Effences, fera Juré en cette Ville, Fauxbourgs & Banlieuë de Paris, les Supplians reçus en icelui, faifans par eux le ferment en tel cas requis & accoutumé, & que les Réglemens faits ce jourd'hui par la Cour concernant ledit métier, tiendront lieu de Statuts & Réglemens dudit métier, pour être gardez & obfervez de point en point. Fait en la Cour des Monnoyes le cinq Avril mil fix cent trente-neuf. Signé par Collation, DE LAISTRE.

SENTENCE

# SENTENCE

De Monſieur le Lieutenant Général de Police, pour les Maîtres Diſtillateurs & Vendeurs d'Eau-de-Vie.

### Du quatorze Août 1674.

A TOUS ceux qui ces préſentes Lettres verront : Achilles de Harlay, Conſeiller du Roi en ſes Conſeils d'Etat & Privé, ſon Procureur Géneral, & Garde de la Ville, Prévôté & Vicomté de Paris, le Siége vacant. SALUT, ſçavoir faiſons : Que vû la Requête à Nous préſentée par Samuel Dumoulin, Eloi Verdy, Mathieu Couthier, Syndic & Jurez de la Communauté des Maîtres Diſtillateurs & Vendeurs d'Eau-de-Vie & Eaux-Fortes de cette Ville & Fauxbourgs de Paris; contenant qu'au préjudice des Statuts & Reglemens de ladite Communauté, Déclarations & Arrêts, portant défenſes à toutes perſonnes fors les Apotiquaires & Vinaigriers de s'immiſcer, de vendre & débiter leſdites Eaux-de-Vie, Eaux-Fortes & autres Eaux; néanmoins divers particuliers de toutes ſortes de vacations & métiers vendent & débitent journellement leſdites Eaux, quoique pour ce ils n'ayent aucune experience, qualité, ni privilége, ce qui cauſe un grand dommage à la Communauté des Diſtillateurs, même au public; pourquoi leſdits Syndic & Jurez auroient été obligez de nous donner ladite Requête pour y être par Nous pourvû; ſur laquelle Requête eſt intervenu notre Ordonnance de ſoit montré au Procureur du Roi, du 13 Juillet dernier. Vû auſſi les Statuts, les Lettres Patentes, l'Arrêt d'enregiſtrement d'icelles au Parlement, Edits & Déclaration du Roi, & les Arrêts du Conſeil & du Parlement des 13 Octobre 1637, 23 Mars 1673, 18 Janvier 1674, & 24 Février dernier, & les Concluſions du Procureur du Roi du 12 des préſent mois & an, étant au bas de la ſuſdite Requête. NOUS ayant égard à ladite Requête, & faiſant droit ſur les Concluſions du Procureur du Roi. Diſons, que défenſes ſont faites à toutes perſonnes de quelque qualité, vacation & métier qu'elles ſoient & puiſſent être, à l'exception néanmoins des Maîtres Apotiquaires-Épiciers & Vinaigriers, de s'immiſcer ni entreprendre

C

directement ou indirectement fur ledit métier des Diſtillateurs & Vendeurs d'Eau-de-Vie & Eau-Forte, vendre ni débiter leſdites Eaux en boutique, à peine de confiſcation & de cent livres d'amende : Ce qui ſera executé nonobſtant oppoſition ou appellation quelconque & ſans préjudice d'icelle, lû, publié & affiché par tout où beſoin ſera. En témoin de quoi Nous avons fait ſceller ces préſentes. Ce fut fait & donné par Meſſire GABRIEL-NICOLAS DE LA REYNIE, Conſeiller du Roi en ſes Conſeils, Maître des Requêtes ordinaire de ſon Hôtel, & Lieutenant de Police de la Ville, Prévôté & Vicomté de Paris, le quatorze Août mil ſix cent ſoixante-quatorze. Collationné,

# STATUTS
## ET ORDONNANCES
### POUR LA COMMUNAUTÉ
## DES MAÎTRES LIMONADIERS,
### MARCHANDS D'EAU-DE-VIE

De la Ville, Fauxbourgs & Banlieuë de Paris.

*Regiſtrez en Parlement le 27. Mars 1676.*

#### ARTICLE PREMIER.

LES Maîtres Limonadiers Marchands d'Eau-de-Vie auront la faculté d'achetter, faire & vendre de l'Eau-de-Vie en gros, en détail, & même d'en faire venir des Provinces & des Païs étrangers, & d'en envoyer ainſi que bon leur ſemblera ; avec prohibition à toutes perſonnes ſans qualité, & qui ne ſont point Maîtres d'une Communauté qui ſoit en droit & en poſſeſſion de vendre de l'Eau-de-Vie, de faire ladite Profeſſion, d'en tenir Magazin ou Boutique ouverte, ni d'en vendre dans leurs maiſons, ſans préjudice à ceux qui ont accoûtumé de vendre de l'Eau-de-Vie en détail par les ruës, d'en expoſer & vendre ſur des Eſcabelles ou

C ij

Tables, de continuer leur petit commerce, ainſi qu'ils ont fait par le paſſé, ſans pouvoir néanmoins ſe dire Maîtres, ni joüir des autres droits à eux accordez.

## I I.

Leur ſera auſſi permis de vendre toutes ſortes de Vins d'Eſpagne, Vins Muſcats, Vins de Saint Laurens & de la Cioutat, de la Malvoiſie, & de tous les Vins compris ſous le nom & la qualité de Vin de Liqueur; enſemble de compoſer & vendre toutes ſortes de Roſſoly, Populo, Eſprit de Vin, & autres Liqueurs & Eſſences de pareille qualité.

## I I I.

Auront à l'excluſion de tous autres Marchands & Artiſans, la faculté de compoſer & vendre toutes Limonades ambrées, parfumées, & autres Eaux de Gelées & Glaces, de fruits & de fleurs, même les Eaux d'Anis, & de Canelle & Franchipane, de l'Aigre de Cedre, du Sorbec & du Caffé en grain, en poudre & en boiſſon.

## I V.

Pourront auſſi vendre des Seriſes, Framboiſes & autres fruits confits dans l'Eau-de-Vie, avec des Noix confites, & Dragées en détail.

## V.

En vertu de leurs Lettres de Reception de Marchand d'Eau-de-Vie, ils pourront vendre & debiter ſans prendre aucunes Lettres de Regrat, les mêmes choſes qu'ils vendoient auparavant juſqu'à preſent, en vertu deſdites Lettres.

## V I.

La Communauté aura quatre Jurez qui feront élus par les ſuffrages de tous les Maîtres, à la pluralité des voix, en préſence de l'un de nos Procureurs au Châtelet, le
de chacune année, & ſera par chaque année élû deux Jurez, & les deux Jurez nouvellement élûs auront ſoin du Service & de tout ce qui concerne la Confrairie.

## V I I.

Les Jurez auront ſoin de toutes les affaires de la Communauté, avec droit de Viſite chez tous les Maîtres, leſquels ne feront ſujets à la viſite d'aucuns autres Gardes ou Jurez d'aucune autre Communauté.

## V I I I.

Les Jurez feront tenus faire leur Viſite chez tous les Maîtres

au moins deux fois l'année , & fera payé par chacun Maître dix
fols aux Jurez pour chacune Vifite , qui eft à raifon de vingt fols
par an ; payeront auffi tous les Maîtres pareille fomme de vingt
fols par chácun an pour leur droit de Confrairie.

### I X.

Aucun Afpirant ne pourra être reçû à la Maîtrife qu'il n'ait fait
apprentiffage pendant trois ans chez un des Maîtres de la Communauté ; & feront les Apprentifs obligés par Brevets en bonne
forme, paffés pardevant Notaires & regiftrées fur le Livre de la
Communauté , en la Chambre de l'un de nos Procureurs aux
Châtelets.

### X.

Tous les Maîtres ne pourront avoir en même temps qu'un feul
Apprentif ; pourront néanmoins avoir plufieurs Compagnons ,
pour lefquels ils feront tenus de choifir ceux qui auront fait leur
tems d'apprentiffage , à l'exclufion des Etrangers ; & ne pourront
les Maîtres débaucher les Compagnons engagés chez les autres
Maîtres , ni leur donner à travailler, ou les recevoir à leur fervice , fans en avoir auparavant demandé la permiffion au Maître
chez lequel ledit Compagnon étoit engagé.

### X. I.

La Communauté fera compofée de deux cent cinquante Maîtres ; & après que le nombre aura été une fois rempli , aucun
ne pourra être reçû qu'il n'ait fait apprentiffage & chef-d'œuvre :
Et fera la Communauté exempte de toutes les Lettres de Maîtrife qui font par Nous accordées , defquelles Lettres Nous déchargeons ladite Communauté, dérogeant à cet effet à tous Edits
& Lettres à cé contraires , & ce en confideration des fommes
qu'ils ont préfentement financées en Nos coffres pour l'établiffement dudit métier.

### X I I.

Les Afpirans lors qu'ils feront reçus , payeront une fomme de
douze livres à la Boëte, pour furvenir aux affaires de la Communauté , outre quarante fols à chacun des Jurez pour tous droits
de donner , voir faire & recevoir lefdits chef-d'œuvres , & pour
affifter à la preftation de ferment ; avec défences à eux d'exiger
aucuns feftins , ni même d'en recevoir volontairement à peine
de concuffion.

### X I I I.

Les Fils des Maîtres & ceux qui auront époufé les Filles de

C iij

Maîtres , feront reçus fans faire chef-d'œuvre , même les Fils de Maîtres, fans avoir fait Apprentiffage ; feront feulement une legere experience , & payeront demi droit aux Jurez.

Si donnons en mandement à nos amez & feaux Confeillers les Gens tenans notre Cour de Parlement de Paris, Prévôt dudit lieu , ou fon Lieutenant Général de Police , & autres qu'il appartiendra, que cefdites préfentes ils faffent lire, publier & regiftrer, & icelles obferver & garder de point en point felon leur forme & teneur , & lefdits Expofans jouir & ufer pleinement & paifiblement defdits Statuts contenant XIII. articles , à toujours & perpetuellement ; contraignant à ce faire, fouffrir & obéïr tous ceux qu'il appartiendra, nonobftant tous Edits , Ordonnances , Arrêts , Réglemens , Reftrictions , Mandemens , Défenfes & Lettres à ce contraires , aufquelles & aux dérogatoires des dérogatoires , nous avons dérogé & dérogeons par cefdites Préfentes. Voulons qu'aux copies d'icelles collationnées par l'un de nos amez & feaux Confeillers & Secretaires, foi foit ajoutée comme à l'original : Car tel eft notre plaifir. Donne' à Saint Germain en Laye, le vingt-huitiéme jour de Janvier, l'an de grace mil fix cent foixante-feize , Et de notre regne le trentetroifiéme. Signé, LOUIS. Et plus bas, Par le Roi,

COLBERT.

*Regiftrez , Ouy & ce requerant le Procureur Général du Roi ; pour être exécutez felon leur forme & teneur. A Paris , en Parlement , le vingt-feptiéme Mars mil fix cent foixante-feize.*

Signé, JACQUES.

# LETTRES PATENTES

dudit jour 28 Janvier 1676.

*PORTANT confirmation defdits Statuts auffi regiftrés le 27 Mars audit an.*

LOUIS, par la grace de Dieu, Roi de France & de Navarre: A tous préfens & à venir, SALUT. Par notre Edit du
mois de Mars 1673. verifié où befoin a été, Nous avons entr'autres chofes ordonné, que ceux qui faifoient profeffion de Commerce, Marchandifes, & de toutes fortes d'Arts & Métiers dans
la Ville & Fauxbourgs de Paris, fans être d'aucun Corps & Communauté, feroient établis en Corps de Communauté & Marchandifes pour exercer leurs Profeffions, Arts & Métiers, & qu'il
leur feroit expedié des Statuts, encore qu'ils euffent relation à
des Arts & Métiers qui font en Communauté : en exécution duquel Edit plufieurs Particuliers Nous ayant remontré que de tout
tems ils fe font appliquez à compofer & vendre toutes fortes
de Liqueurs rafraîchiffantes ; comme Limonades ambrées, parfumées, & autres Eaux de Gelées, & Glaces de Fruits & de
Fleurs, d'Anis & de Canelle, Franchipanne, d'Aigre de Cédre,
du Sorbec, & du Caffé en grain, en poudre & en boiffon ; même de vendre des Eaux-de-Vie, Roffoly, Populo, & autres Liqueurs & Effences de pareille qualité, & toutes fortes de Vins
d'Efpagne, Mufcat, de Saint Laurent, la Cioutat, Malvoifie,
& de toutes autres fortes de Vins qui font compris fous le nom
& qualité de Vins de Liqueurs ; & qu'ils n'avoient que ce feul
négoce & induftrie pour gagner honnêtement leur vie, & faire fubfifter leurs familles, ils Nous auroient très-humblement
fuppliés de les ériger en Communauté, & de leur accorder
des Statuts qu'ils Nous auroient préfentez pour exercer leurdite
profeffion ; laquelle Requête & lefdits Statuts Nous aurions
renvoyez au fieur de la Reynie, & à nos Procureurs des deux
Châtelets, lefquels Nous auroient donné leur avis le
        jour de                  dernier :
& ayanété informé des abus & malverfations qui fe comme-

tent ordinairement parmi ceux qui font quelque profeſſion , &
qui n'ont aucun titre ni qualité ; & que nonobſtant les faiſies qui
étoient faites par les Maîtres-Marchands Epiciers & Diſtillateurs,
leſdits Limonadiers Marchands d'Eau-de-Vie , & de Liqueurs ;
que ſes faiſies les conſommoient en de grands frais ; mais ne faiſoient pas ceſſer leur commerce , & qu'ainſi leur établiſſement
en Communauté ne faiſoit pas un grand préjudice aux Maîtres-
Marchands Epiciers ; A CES CAUSES , & autres bonnes conſidérations ; de l'avis de notre Conſeil, qui a vû notre Edit du mois
de Mars 1673. l'Arrêt de notre Conſeil portant renvoi, la Requête des Limonadiers Marchands d'Eau-de-Vie, & deſdits Statuts à notre Lieutenant Général de Police, & à nos Procureurs
de nos Châtelets ; leſdits Statuts & Ordonnances contenant
treize Articles, & les avis ſur iceux de noſdits Lieutenant Général & Procureurs aux Châtelets, & de notre grace ſpeciale ,
pleine puiſſance & autorité Royale , Nous avons érigé & éri-
geons ladite Profeſſion des Limonadiers , Marchands d'Eau-de-
Vie en titre de Maîtriſe Jurée , pour faire à l'avenir un Corps de
Métier en notre Ville & Fauxbourgs de Paris , ainſi que les autres Communautez qui ſont établies. Voulons que tous ceux dudit métier au nombre de deux cens cinquante , qui ont payé les
ſommes auſquels ils ont été moderément taxez en notre Conſeil , & qui ont prêté le ſerment en qualité de Maîtres Limonadiers , Marchands d'Eaux-de-Vie , pardevant l'un de nos Procureurs aux Châtelets ; & ceux qui ſeront reçûs à l'avenir , puiſſent
ſe dire Limonadiers , Marchands d'Eau-de-Vie , continuer leur
Art & Profeſſion , avec tous les droits , fonctions & priviléges
mentionnez ès Articles & Statuts ci-attachez ſous le contre-ſcel
de notre Chancellerie, que Nous avons approuvez, confirmez
& homologuez , & par ces préſentes ſignées de notre main ,
approuvons, confirmons & homologuons, voulons qu'ils ſoient
executez de point en point ſelon leur forme & teneur : SI DON-
NONS EN MANDEMENT à nos amez & feaux les Gens tenans notre
Cour de Parlement, Prévôt de Paris ou ſon Lieutenant Général
de Police , ou autre qu'il appartiendra, que ces Préſentes ils faſſent lire , publier & regiſtrer , & icelles garder & obſerver de
point en point ſelon leur forme & teneur : & leſdits Maîtres
Limonadiers , Maîtres & Marchands d'Eau-de-Vie & leur Communauté , jouir pleinement & paiſiblement deſdits Statuts à toujours & perpetuellement ; contraignant à ce faire , ſouffrir &

obéir

obéir toûs ceux qu'il appartiendra, nonobstant tous Edits , Ordonnances , Arrêts & Réglemens , Mandemens , Défenses &
Lettres à ce contraires, ausquelles & aux dérogatoires des dérogatoires Nous avons dérogé & dérogeons par ces Présentes.
Voulons qu'aux copies d'icelles, collationnées par l'un de nos
amés & feaux Conseillers & Secretaires, foy soit ajoûtée comme à l'Original : CAR tel est notre plaisir. DONNE' à Saint Germain en Laye le vingt-huitiéme jour de Janvier , l'an de grace
mil six cent soixante-seize : & de notre Regne le trente-troisiéme.
Signé , LOUIS. *Et plus bas* , Par le Roy , COLBERT.

*Registrées , oüi & ce requerant le Procureur Général du Roy , pour*
*être executées selon leur forme & teneur , suivant l'Arrêt de ce jour.*
*A Paris le 27 Mars mil six cent soixante-seize. Signé , JACQUES.*

---

## ARREST DU CONSEIL D'ETAT DU ROY,
### du 15 May 1676.

*Portant que les Maîtres Distillateurs & Maîtres Limonadiers,*
*Vendeurs d'Eau de Vie demeureront à l'avenir unis & in-*
*corporez en un seul & même Corps de Communauté , sans*
*nulle division , sous le titre de* Maîtres Distillateurs d'Eau
de Vie & de toutes autres Eaux , & Marchands d'Eau
de Vie & de toutes sortes de Liqueurs , *en la Ville,*
*Fauxbourgs & Banlieuë de Paris : & aussi fait Sa Ma-*
*jesté défenses aux* Vinaigriers , Chandeliers , Greniers,
Fruitiers , Verriers, Fayanciers , *& tous autres sans*
*qualité , de se mêler directement ou indirectement dudit*
*Métier , ni vendre aucunes Eaux de Vie ou de Liqueurs ,*
*à peine de trois cens livres d'amende.*

EXTRAIT DES REGISTRES DU CONSEIL D'ETAT.

SUR la Requête présentée au Roy en son Conseil par Thomas Leguillon Delaferté, Syndic de la Communauté des
Maîtres Distillateurs d'Eau de Vie & autres Liqueurs , en la

D

Ville, Fauxbourgs & Banlieuë de Paris, Auguſtin Champar-
gnette-de-l'Iſle, & Nicolas Charlier Jurez & Gardes de ladite
Communauté, fondez du pouvoir de toute la Communauté par
délibération, & Nicolas Lemarchant, Thomas Leforeſtier,
Pierre, Paul & Urbain Goubot, Jurez & Gardes de la Communauté des Marchands d'Eau de Vie & de toutes ſortes de Liqueurs & Limonades; contenant qu'en conſéquence & execution de l'Edit du mois de Mars 1673. des Arrêts du Conſeil des
9 Avril & 10 May 1675. & autres, les Maîtres Limonadiers auroient été érigez en Maîtriſe, Jurande & Communauté, ſous le
titre de Maîtres Limonadier & Marchands d'Eau de Vie, pour
joüir des Privileges contenus en leurs Statuts obtenus de Sa Majeſté, leſquels étant connexes & ſemblables en quelque maniere
à ceux des Maîtres Diſtillateurs & Vendeurs d'Eau de Vie cau-
ſeroient beaucoup de differends entr'eux & leur apporteroient un
déſavantage notable & ruïne entiere, étant la fonction des uns &
des autres tellement confuſe & mêlée enſemble, qu'il eſt preſque
impoſſible de les diviſer, pour à quoi obvier ils auroient con-
ſenti que l'union fût faite, ſous le bon plaiſir de Sa Majeſté,
des deux Communautez, pour joüir plainement, conjointement
& paiſiblement des Droits & Privileges attribuez par les Statuts
de l'une & l'autre Communauté, Arrêts, Sentences & Ordonnances rendus pour la validité & conſervation d'icelles & être
unies & incorporées en un ſeul & même corps de Communauté,
ſous le titre de Maîtres Diſtillateurs d'Eau de Vie & de toutes autres Eaux & Marchands d'Eau de Vie & de toutes ſortes de Liqueurs, en la Ville, Fauxbourgs & Banlieuë de Paris; requeroient à ces cauſes qu'il plût à Sa Majeſté ſur ce leur pourvoir.
Vû ladite Requête : Oüi le rapport du ſieur Colbert, Conſeiller
au Conſeil Royal, Contrôleur Général des Finances : LE ROY
EN SON CONSEIL, ayant égard à ladite Requête, a ordonné
& ordonne que les Maîtres Diſtillateurs & les Maîtres Limonadiers, vendeurs d'Eau de Vie demeureront à l'avenir unis &
icorporez en un ſeul & même corps de Communauté, ſans nulle
diviſion, ſous le titre de Maîtres Diſtillateurs d'Eau de Vie &
de toutes ſortes de Liqueurs, en la Ville, Fauxbourgs & Banlieuë de Paris, & ſeront regis dès à préſent ſuivant les Statuts,
Arrêts, Sentences & Ordonnances des deux Communautez,
qui ne feront qu'un même corps de Communauté indiviſibles,
qui joüira plainement, paiſiblement & conjointement des Droits

& Privileges attribuez & fpecifiez par leurs Statuts, & feront avec les Lettres Patentes inceſſamment enregiſtées par tout où il appartiendra, cependant & attendant fait Sa Majeſté défenſes à toutes perſonnes de contrevenir auſdits Edits, Arrêts, Sentences & Statuts, de troubler ni inquieter leſdits Maîtres Diſtillateurs en l'execution d'iceux, ni s'immiſcer en la Diſtillation, compoſition & vente deſdites Eaux, à peine de confiſcation des choſes dont ils ſe trouveront faiſis, uſtenciles & inſtrumens, trois cent livres d'amende applicable un tiers à l'Hôpital Géneral, un tiers à celui des Enfans trouvez & l'autre tiers au profit de la Communauté deſdits Maîtres Marchands : Ordonne Sa Majeſté que chacun de ceux qui feront reçûs Maîtres audit Art & Maîtriſe, juſqu'au nombre de deux cent cinquante, en execution du premier Arrêt, ſera tenu de payer au Roy la ſomme de cent vingt livres, y compris les deux ſols pour livre au payement de laquelle ils feront contraints comme pour les affaires de Sa Majeſté, même les Diſtillateurs d'Eau de Vie & autres Eaux qui ſe diſoient être reçus Maîtres juſqu'à préſent, payeront auſſi ſucceſſivement chacun pareille ſomme de cent vingt livres : leur fait Sa Majeſté défenſes & à tous autres de prendre la qualité de Diſtillateurs d'Eau de Vie, Eſprit de vin & toutes autres Eaux, juſqu'à ce qu'ils ayent ſatisfait au payement de ladite Taxe, nonobſtant tous Arrêts ou Réglemens à ce contraires, & à toutes perſonnes ſans qualité de tenir boutique, travailler ni vendre aucune choſe concernant ledit Art & Métier de Marchandiſe s'ils ne ſont reçus Maîtres en ladite Communauté, & n'ont prêté le ſerment pardevant l'un de ſes Procureurs aux deux Châtelets ſous les mêmes peines que deſſus, au payement deſquelles & à la cloture de leur Boutiques ils feront contrains à leurs frais & dépens, & à cette fin enjoint aux Syndics & Jurez-Gardes des deux Communautez de faire inceſſamment & conjointement leurs viſites & autres fonctions appartenans auſdits Syndics & Jurez-Gardes à l'inſtar des autres Corps & Communautez, comme ne faiſant & n'étant qu'un ſeul Corps & Communauté ſans nulle diviſion, & feront inceſſamment executer le préſent Arrêt. Fait Sa Majeſté défenſes aux Vinaigriers, Chandeliers, Fruitiers, Greniers, Verriers-Fayanciers & à tous autres ſans qualité, de ſe mêler directement ni indirectement dudit métier, ni vendre aucune Eau de Vie ou de Liqueurs, à peine de trois cens livres d'amende, au payement de laquelle ils feront contraints comme pour les pro-

D ij

pres deniers & affaires de Sa Majefté : ordonne au fieur de la
Reynie, Lieutenant Géneral de Police & à fes Procureurs aux
deux Châtelets de tenir la main à l'execution du préfent Arrêt,
qui fera lû, publié & affiché par tout où befoin fera & executé,
nonobftant oppofitions, appellations & autres empêchemens gé-
nerallement quelconques, & dont fi aucunes interviennent Sa
Majefté s'eft refervé la connoiffance en fon Confeil, & icelle
interdit à toutes fes autres Cours & Juges. Fait au Confeil d'E-
tat du Roy, tenu à Saint Germain-en-Laye, le quinziéme jour
de May mil fix cent foixante-feize. Collationné.

Signé, COQUILLE.

LOUIS par la Grace de Dieu, Roy de France &de Navarre;
à tous préfent & à venir : SALUT. Nos chers & bien amez
les Jurez & Gardes de la Communauté des Maîtres Diftillateurs
Marchands d'Eau de vie & de toutes fortes d'Eaux & Liqueurs
de notre bonne Ville, Fauxbourgs & Banlieuë de Paris, nous
ont très-humblement fait remontrer, qu'en confequence & execution de notre Edit du mois de Mars 1673. & des Arrêts de
notre Confeil des 9 Avril & 10 May 1675. & autres rendus en
confequence, les Maîtres Limonadiers auroient été érigez en
Jurande & Communauté, fous le titre des Maîtres Limonadiers
Marchands d'Eau de vie, pour joüir des Privileges contenus en
leurs Statuts, que nous avons confirmez & approuvez, lefquels
étant conexes & femblables en partie aux Diftillateurs, vendeurs
d'Eau de vie, pourroient avoir beaucoup de differends entr'eux
qui leur cauferoient leur ruine, lefdites fonctions des uns & des
autres étant tellement confufes & mêlées enfemble, qu'il eft
prefqu'impoffible de les divifer, pour à quoi obvier ils auroient
confenti l'union en une feule & même Maîtrife & Communauté,
pour joüir par les uns & les autres Maîtres des droits y appartе-
nans, conjointement & paifiblement, fuivant qu'il eft porté par
les Statuts, & ne faire & compofer à l'avenir qu'une feule &
même maîtrife, Communauté & Jurande, fous le titre des Maîtres Diftillateurs, Marchands d'Eau de vie, de toutes fortes
d'Eaux, Efprits, Huilles, Effences & de toutes fortes de Liqueurs, en ladite Ville, Fauxbourgs & Banlieuë de Paris ; & à
cette fin lefdites Communautez nous auroient prefenté leur Requête, fur laquelle eft intervenu Arrêt en notre Confeil le 16
May 1676. par lequel nous aurions ordonné ladite union, en

execution duquel Arrêt lefdits Jurez nous ont très-humblement fait fupplier de leur vouloir octroyer nos Lettres fur ce nécef-faires : A CES CAUSES, voulant favorablement traiter lefdits Expofans & leur donner moyen d'exercer leur art & métier, & faire leur négoce & marchandife en paix & tranquilité, pour éviter les conteftations qui pourroient naître entr'eux ; NOUS, de notre grace fpecialle, pleine puiffance & autorité Royale, avons joint, uni & incorporé par ces préfentes fignées de notre main, joignons, uniffons & incorporons lefdites Communautez de Diftillateurs, Limonadiers & Marchands d'Eau de vie en un feul & même Corps & Communauté indivifible, pour ne compofer à l'avenir qu'une feule & même Communauté, Maîtrife & jurande de Maître Diftillateurs de toutes fortes d'Eaux, Efprits, huilles & effences & marchands d'Eau de vie & de toutes fortes de Liqueurs, en ladite Ville, Fauxbourgs & Banlieuë de Paris, & en joüir à l'avenir par lefdits expofans & ceux qui leur fuccederont audit art & maîtrife, conjointement, pleinement, paifiblement & perpetuellement, enfemble des droits & privileges y attribuez & fpecifiez dans les ftatuts & réglemens par Nous approuvez, & à cette fin les afpirans audit art & maîtrife feront reçûs pardevant l'un de nos Procureurs au Châtelet de Paris, conformément à ce qui eft porté par ledit Arrêt de notre Confeil ci-attaché fous le contre fcel de notre Chancellerie, que nous voulons & ordonnons être executé felon fa forme & teneur. SI DONNONS EN MANDEMENT, à nos amez & feaux Confeillers, les gens tenant notre Cour de Parlement à Paris & au Prevôt dudit lieu ou fon Lieutenant général de Police, que ces préfentes & ledit Arrêt de notre Confeil ils faffent regiftrer, lire & publier par tout où befoin fera, & du contenu audit Arrêt & en cefdites préfentes, ils faffent, fouffrent & laiffent joüir & ufer lefdits Jurez & Maîtres dudit métier & marchandifes préfentement unis, & ceux qui leur fuccederont, pleinement, paifiblement & perpetuellement, fans leur faire ni fouffrir leur être fait aucun trouble ni empêchement au contraire : CAR tel eft notre plaifir. Et afin que ce foit chofe ferme, ftable & à toûjours, nous avons fait mettre notre fcel à cefdites préfentes. DONNE' à Verfailles au mois de Juillet l'an de grace mil fix cent quatre-vingt-un. Et de notre régne le trente-neuf. *Signé*, LOUIS. Par le Roy, COLBERT.

# SENTENCE DE POLICE,

*Qui ordonne qne les Anciens feront feuls appellés aux af-
femblées pour les affaires ordinaires de la Communauté.
Et qu'aux affaires extraordinaires feront appellés avec
eux fix Modernes & fix Jeunes, alternativement les uns
après les autres.*

## Du 30 Avril 1681.

A TOUS ceux qui ces préfentes Lettres verront: Achiles
du Harlay Chevalier, Confeiller du Roy en fes Confeils,
fon Procureur général en fa Cour de Parlement, & Garde de la
Prevôté & Vicomté de Paris le fiége vacant: SALUT. Sçavoir
faifons: Que vû la Requête à Nous préfentée par les Jurez-Gardes
de la Communauté des Marchands, Maiftres Diftillateurs d'Eau
de vie & autres Liqueurs, à Paris: *Signé*, Baudry, leur Procureur Expofitive, que leur Communauté étant compofée d'un
grand nombre de Maiftres: Il arrive toutes les fois qu'il eft néceffaire de faire quelques affemblées pour réfoudre des affaires
qui regardent la Communauté, que l'affemblée eft fi nombreufe
qu'il y a une entiere confufion; enforte que les Maiftres de ladite Communauté affemblée, parlant de toutes autres chofes que
de ce qui donne lieu à l'affemblée, & prétendent le plus fouvent
commencer les conferences par boire, & fe retirent fans écou-
ter les propofitions que les expofans ont à faire, de maniere qu'il
eft impoffible de faire aucun réfultat ni de s'entendre. Pourquoi
iceux expofans, Nous auroient requis qu'il nous plût leur pourvoir d'un réglement comme nous avons fait à plufieurs autres
Communautez. Ce faifant, ordonner que dorénavant aux affemblées qu'il conviendra faire au Bureau pour les affaires de ladite
Communauté: Il foit feulement mandé & appellé les anciens
Maiftres d'icelles Communauté qui ont exercé la Jurande avec
fix Modernes & fix Jeunes Maiftres de ladite Communauté, alternativement felon l'ordre du Tableau, ainfi qu'il fe pratique en
plufieurs autres Communauté: Vû auffi fur ce les conclufions du
Procureur du Roÿ; Et tout confideré. Nous ordonnons qu'à l'a-

venir les anciens qui ont exercé la Jurande, feront les feuls appellés aux affemblées qui fe feront pour les affaires ordinaires de la
Communauté ; & que quand il y aura des affaires extraordinaires,
plus importantes, & feront feulement appellé avec eux fix Modernes & fix jeunes, alternativement & les uns après les autres :
Ce qui fera executé, nonobftant oppofitions ou appellations quelconques, & fans préjudice d'icelles. En témoin de ce : Nous
avons fait fceller ces préfentes : Ce fut fait & donné par Meffire
Gabriel-Nicolas de la Reynie Chevalier, Confeiller du Roy en
fes Confeils, Maiftres des requêtes ordinaires de fon Hôtel,
Lieutenant général de Police de la Ville, Prevôté & Vicomté
de Paris, le trentiéme jour d'Avril mil fix cent quatre-vingt-un.
Collationné. *Signé*, TRUCHO.

# ARREST DU PARLEMENT

## Du 30 Juillet 1685.

*Entre la Communauté & le Fermier des petits Domaines,*
*& Lettres de Regrats, qui fait défenfes aux Fermiers*
*du Domaine de plus à l'avenir exprimer le débit de l'Eau*
*de Vie dans les Lettres de Regrat quils délivreront, &*
*aux Regratiers d'en vendre.*

### EXTRAIT DES REGISTRES DE PARLEMENT.

ENtre Salomon de Saint Eftienne, fous-Fermier des petits
Domaines & Lettres de regrateries de la ville & fauxbourgs
de Paris, prenant le fait & caufe d'Auguftin le Petit & Girard
Nicolas, appellans des faifies & executions fur ceux faites à la
requête des Diftillateurs & Marchands d'eau de vie à Paris, les
22 & 25 Novembre 1683. Et encore de la procédure faite par
devant le Subftitut du Procureur général du Roy au Châtelet
de Paris, & de fon avis du 14 Décembre audit an, d'une part,
& les Jurez & Gardes de la Communauté des Diftillateurs &
Marchands d'eau de vie à Paris, Intimez. Et entre lefdits Jurez

& Gardes de la Communauté des Diftillateurs & Marchands
d'eau de vie, demandeurs en requête du 22 May 1685. & ledit
Salomon de S. Eftienne défendeur d'autre. Vû par la Cour les
faifies & execution faites à la requête defdits Jurez-Diftillateurs,
les 22 & 25 Novembre 1683. fur Marie le Tanneur femme d'Auguftin Petit, & Barbe Maignant veuve Nicolas. Procedures faites devant le Subftitut du Procureur général du Roy, & fon avis
énoncé en la Sentence du 14 Décembre audit an 1683. par laquelle la faifie faite fur ladite le Maignant auroit été déclarée
bonne & valable, ordonne que les chofes faifies feroient & demeureroient confifquées au profit defdits Diftillateurs, avec deffenfes à ladite Maignant de plus récidiver ni entreprendre fur le
métier & marchandife defdits Diftillateurs, fur plus grande peine ;
& pour la contravention par elle commife, ladite Maignant
condamnée en fix livres d'amende & ès dépens. Arrêt d'apointé au Confeil du 5 Février 1685. Requête d'Artus Tavernier
Sieur de Boulogne, fous-Fermier des petits Domaines, du 20
Mars 1685. employée pour caufes d'appel. Requête des Jurez
Diftillateurs du 3 Avril audit an, employés pour réponfes. Productions des parties. Requête dudit Tavernier du 7 May dernier employée pour contredits. Sommation, Production nouvelle defdits Jurez & Gardes de la Communauté des Maiftres Limonadiers-Diftillateurs, par requête du 15 Mars 1685. & requête dudit Tavernier du 21 dudit mois, employée pour contredits.
Requête defdits Jurez employée pour falvations, du 23 dudit
mois de Mars. Production nouvelle dudit Artus Tavernier, par
requête du 28 Mars audit an, & requête defdits Diftilateurs employée pour contredits. Autre production nouvelle defdits Diftillateurs, par requête dudit jour 28 Mars 1685. & requête dudit
Tavernier du 7 May 1685. employée pour contredits. Autre production nouvelle defdits Diftillateurs, par requête du 9 dudit
mois de May, & requête dudit Tavernier employée pour contredits. Autre production nouvelle dudit Tavernier, par requête
du 8 dudit mois de May, & requête defdits Diftillateurs du 18
dudit mois, employée pour contredits. Requête dudit Tavernier
du 12 dudit mois, employée pour falvations. Autre production
nouvelle defdits Diftillateurs, par requête du 14 dudit mois de
May 1685. Sommation de la contredire. La requête & demande
.defdits

defdits Jurez & Gardes de la Communauté des Maiftres Diftillateurs & Limonadiers Marchands d'eau de vie & de toutes fortes
de Liqueurs de la ville & banlieue de Paris du 22 May dernier,
à ce qu'il fût ordonné que les ftatuts & reglemens de Police, &
Arrêt de reglement du 20 Janvier, & ceux des 23 Juin & premier Juillet 1678. feroient executez ; & en confequence attendu
que par iceux il n'y avoit que les perfonnes qui étoient fans art
ni métier, profeffion ni emploi, qui puiffent vendre de l'eau de
vie à petite mefure, même dans les ruës fur des efcabelles & petites tables, ou à porte-col; & que les regratieres avoient un art,
vacation, & un emploi, vendant du poiffon de toutes fortes, des
œufs, du beure, du fromage, du bois, des fruits, & des autres
marchandifes de regrats; défenfes fuffent faites audit Boulogne
& autres Fermiers du Domaine, de plus à l'avenir exprimer le
débit de l'eau de vie dans les Lettres de regrat qu'ils délivreront,
& aufdits regratiers d'en vendre & débiter en quelque forte &
maniere que ce foit, à peine contre le Fermier du Domaine d'a-
mende, & de toutes pertes, dépens, dommages & interêts contre lefdits regratiers, de cent livres d'amende pour chacune
contravention, fuivant lefdits Arrêts & Réglemens, & ledit
Boulogne condamné ès dépens, & qu'acte fût donné aufdits Diftillateurs de l'emploi pour production fur ladite demande ; fur laquelle requête, auroit été mis ait acte, fourniroit le défendeur de
défenfes & produiroit; requête dudit Artus Tavernier du 18 Juin
employée pour défenfes & production & requête defdits Diftillateurs du 19 dudit mois, employée pour réponfes & contredits. Production nouvelle defdits Diftillateurs par requête du 24 dudit mois
de May & requête dudit Tavernier du 18 Juin dernier, employée
pour contredits, Conclufions du Procureur Général du Roy,
tout joint & confideré. LA DITE COUR, a mis & met l'appellation au néant, Ordonne que ce dont a été appellé fortira effet,
condamne l'appellant en une amende ordinaire de douze livres,
& faifant droit fur la demande defdits Diftillateurs du 22 May
dernier, Ordonne que les Statuts, Reglemens de Police & Arrêts des 20 Janvier, 23 Juin & premier Juillet 1678. feront executez felon leur forme & teneur; fait défenfes audit Boulogne
& autres Fermiers du Domaine d'y contrevenir & de plus à l'a-
venir exprimer le débit de l'eau de vie, dans les Lettres de regrat
qu'ils délivreront, à peine d'amende, dépens, dommages & interêts, & aux regratiers d'en vendre & débiter en quelque manié-

E

re que ce foit , à peine de cent liv. d'amende pour chacune contravention; condamne ledit Boulogne ès dépens. FAIT en Parle-
lement le trentiéme Juillet mil fix cent quatre-vingt-cinq. Collationné par GRENU. Avec paraphe. *Signé* , JACQUES.

*Le huit Août mil fix cent quatre-vingt-cinq , fignifié & baillé co-*
*pie à Me.* Geneft *Procureur en fon domicile , parlant à fon*
*Clerc.* Signé , *PROTAT.*

---

# ARREST DU CONSEIL D'ETAT
## du 13 Décembre 1589.

*Qui ordonne l'execution des Statuts , & que les Maîtres Li-*
*monadiers auront la faculté d'acheter & vendre de l'Eau*
*de Vie , en gros & en détail , même d'en faire venir des*
*Provinces & Païs Etrangers.*

### EXTRAIT DU CONSEIL D'ETAT.

VEU au Confeil d'Etat du Roy, l'Arrêt rendu en icelui , fur
la requête préfentée par les Maîtres Diftillateurs , Limonadiers , Marchands d'eau de vie , de la Ville Fauxbourgs & Banlieuë de Paris; Tandante à ce qu'il plût à Sa Majefté ; conformément à fon Edit du mois de Mars 1673. Arrêts de fon Confeil d'Etat des 9 Février, 10 May , 14 Décembre 1675. 16 Janvier , 16 May 1676. Statuts , Lettres Patentes & Arrêts d'enregiftrement d'iceux , des 28 Janvier & 23 Mars 1676. Quittance
de Finance du 9 Août 1683. Controllé le 22 Août 1684. main-
tenir & garder lefdits Limonadiers en tous les droits, qualitez,
fontions , privileges & prérogatives à eux attribuez par lefdits
Edits , Arrêts & Réglemens , Statuts & Lettres Patentes , qui feront executez de point en point fuivant leur forme & teneur, &
ce fans s'arrêter aufdits Arrêts du Parlement de Paris des 16 May
1682. 2 Janvier & 21 Juin 1686. lefquels feront caffez, revo-
quez & annullez , & tout ce qui s'en eft enfuivi , comme atten-
tatoires & contraires aufdits Edit , Arrêts, Statuts, Lettres Patentes , Arrêts d'enregiftrement & Quittance de Finance , avec défenfes à ladite Cour & à tous autres Juges d'y contrevenir , directement ni indirectement , en telle forte & maniere que ce foit

& aux Maîtres Epiciers-Apoticaires & tous autres, de quelque art & qualité qu'ils foient de îles y troubler, en quelque forte & maniere que ce puiffe être, à peine de 300 livres d'amende pour chacune contravention, conformément aufdits Arrêts, ou en tout cas ordonner que la Finance payée par les Supplians pour lefdites qualitez, droits, fonctions & privilege leur fera renduë & reftituée, & les Supplians remis au même état qu'ils étoient avant ledit Edit, & lefdits Arrêts, Statuts & Lettres Patentes d'érection; & interprétant en tant que befoin l'Edit du mois de Juillet 1682. concernant la punition de divers crimes; déclarer que les défenfes portées par icelui, à l'égard des Supplians, ne concernant que les Effences nuifibles à la vie des hommes, non celles qui font de l'ufage journalier & néceffaire, en la confection & débit defquelles ils feront maintenus. Par lequel Arrêt auroit été ordonné que la Requête des Supplians, feroit communiquée aux Maîtres & Gardes de la Communauté des Apoticaires & Epiciers de la Ville de Paris, pour y fournir de réponfes dans huitaine, pour ce fait ou à faute de ce faire dans ledit tems & icelui paffé, être les piéces remifes pardevant le fieur de Breteüil, Confeiller d'Etat ordinaire & Intendant des Finances, pour être enfuite pourvû par fa Majefté ainfi qu'il appardra, par raifon de l'Arrêt du 12 Octobre 1688. Signification dudit Arrêt aux Maîtres & Gardes de la Communauté des Appoticaires & Epiciers de la Ville de Paris, du 30 Octobre 1688. Requête préfentée au Confeil par lefdits Maîtres & Gardes des Marchands Epiciers Apoticaires & Epiciers de Paris, tendante à ce qu'il plaife à fa Majefté les recevoir oppofans à l'execution dudit Arrêt du Confeil du 12 Octobre 1688. fignifié le 30 dudit mois; faifant droit fur leur oppofition, fans avoir égard aufdits Arrêts, ordonner que la Requête defdits Limonadiers Diftillateurs, inferée dans icelui fera rejettée, & qu'il fera mis néant fur icelle, avec défenfes à eux de fe plus pourvoir au Confeil pour raifon de ce, à peine de mille livres d'amende, & les condamner aux frais de l'Arrêt qui interviendra fur la préfente Requête. Signification de ladite Requête à Me. Jean Dupradel, Avocat defdits Limonadiers du 27 Novembre 1688. Requête préfentée au Confeil par lefdits Jurez Diftillateurs, Marchands d'eau de vie & de toutes fortes de Liqueurs, tendante à ce qu'il plaife à fa Majefté adjuger les conclufions par eux prifes en établiffant la datte de l'Arrêt du 22 May 1685. au lieu de celui du 15

E ij

May 1682. mis par erreur dans leur précedente conclusion, ou leur donner acte de ce qu'ils n'entendent point retirer leur Finance, en cas que sa Majesté les fasse joüir des qualités , droits & fonctions pour lesquelles ils ont payé. Signification de la Requête à l'Avocat desdits Maîtres Epiciers du 9 Décembre 1688. Autre Requête présentée au Conseil par lesdits Jurez Distillateurs & Limonadiers, Marchands d'Eau-de-Vie, tendante à ce qu'il plaise à sa Majesté leur permettre de faire appeller en la cause le Fermier général des Aydes & autres de France , pour faire juger avec lui contre lesdits Epiciers & Apoticaires de Paris , l'instance pendante au Conseil, qui lui a été dénoncée , aux protestations de lui payer par lesdits Limonadiers ce qu'il appartiendra, après que leurs qualités & fonctions auront été rétablies par ledit Arrêt , & au contraire de repeter contre lui tous dépens, dommages & interêts , avec les sommes qui se trouveront avoir été exigées des particuliers de leur Communauté, en cas que lesdites qualités & fonctions ne soient pas rétablies ; & cependant ordonner que ledit Fermier Général sera tenu de surçeoir ses poursuites & contraintes contre lesdits Limonadiers, à la signification qui lui sera faite de la présente Requête, le tout aux risques, perils & fortunes desdits Epiciers, Apoticaires , lesquels seront condamnez en tous les dépens , dommages & interêts desdits Limonadiers. Signification de ladite Requête audit Fermier Général des Aydes du 10 Décembre 1688. Requête présentée au Conseil par lesdits Maîtres & Gardes des Marchands Epiciers, Apoticaires de Paris tendante à ce qu'il plût à sa Majesté déclarer lesdits Limonadiers Distillateurs non-recevables en leurs Requêtes des 12 Octobre & 9 Décembre 1688. en cassation des Arrêts contradictoires du Parlement de Paris , des 16 May 1682. 22 May 1685. 2 Janvier & 22 Juin 1686. desquelles Requêtes ils seront déboutés & condamnés aux amendes portés par les Ordonnances & Réglemens du Conseil & aux dépens; avec défenses de plus se pourvoir ni donner de semblables Requête audit Conseil, à peine de mille livres d'amende. Signification de ladite Requête à l'Avocat desdits Limonadiers du 28 Janvier 1689. Inventaire de production desdits Marchands Epiciers-Apoticaires , par lequel ils concluent à ce qu'ayant égard aux fins de non-recevoir par eux alléguées , leur adjuger les fins & conclusions qu'ils ont prises par leur Requête contraire du 22

Janvier 1689. fignée Guifin. Vû auffi les Statuts accordés aux
Marchands de Vins, Marchands-Apoticaires Epiciers, & Marchands Tailleurs d'habits, des années 1587, 1588, 1594. 1638,
1669. Arrêts du Parlement de Paris des 11 Avril, 7 Septembre
1634. & 7 Septembre 1641. rendus au profit des Marchands Epiciers contre les faifeurs d'Eau de vie & contre les Epiciers du
Fauxbourgs S. Germain, au fujet du droit de vifite. Edit du mois
de Mars 1673. portant que les ouvriers & Marchands qui n'é-
toient d'aucun corps feroient établis en Communauté. Arrêt
du Confeil du 9 Février 1675. portant que conformément à l'a-
vis des Srs Lieutenans de Police & Procureur du Roi au Châtelet, les Limonadiers & Marchands de Liqueurs feroient érigez en Corps de Maîtrife & Jurande. Autre Arrêt du Confeil
du 10 May audit an, portant défenfes aux Epiciers & Vinaigriers de troubler les Diftillateurs. Autre Arrêt du 14 Décembre
1675. obtenu par Me Thomas Vauffine, chargé du Recouvrement des fommes qui feroient payées en execution de la Déclaration portant confirmation des précedens Arrêts. Avis des fieurs
Lieutenans de Police & Procureurs du Roy au Châtelet, du
11 Janvier 1676. Arrêt du Confeil du 15 defdits mois & an,
portant que lefdits Maîtres Limonadiers & Marchands d'Eau
de vie demeureront établis en Communauté, conformément
aux Statuts préfentés le 11 Janvier 1676. Statuts de ladite Communauté des Maîtres Limonadiers & Marchands d'Eau de vie
contenans treize articles, du 18 Janvier 1676. L'enregiftrement
defdits Statuts au Parlement de Paris: Oüi le Procureur Général du 27 Mars 1676. Lettres Patentes données en faveur des
Limonadiers, portant qu'ils joüiront paifiblement defdits Statuts du 28 Janvier 1676. Autre Arrêt du Confeil du 15. May 1676.
par lequel lefdits Maîtres Diftillateurs font unis aux Limonadiers, pour ne compofer qu'une Communauté fous le titre de
Maîtres Limonadiers, Marchands d'Eau de vie. Arrêt de la
Cour de Parlement du premier Août 1680. par lequel il eft dit
que les Placiers vendeurs d'Eau de vie à petites mefures dans
les ruës, retireroient leurs étalages, à dix maifons de diftance
de celles des Limonadiers, & qu'ils feroient vifitez par lefdits
Limonadiers. Arrêt contradiĉtoire rendu en ladite Cour le 15
May 1682. par lequel lefdits Epiciers feront reçus oppofans à
l'éxecution des Arrêts d'homologation defdits Statuts, & de celui du premier Août 1680. iceux maintenus au droit de vifite

fur toutes les Eaux de vie, ordonner que les Limonadiers ne
pourront prétendre aucun droit de vifite fur les Vendeurs d'Eau
de vie à petite mefure, lefquels ne pourront être obligez de
s'éloigner qu'au-delà de dix toifes des maifons defdits Limonadiers. Arrêt du Confeil du 12 Janvier 1683. rendu fur les Requêtes refpectives defdits Limonadiers, les pauvres vendeurs
d'Eau de vie en d'étail & les Maîtres & Gardes de la Communauté des Marchands Epiciers & Apoticaires de Paris, par
lequel lefdits Jurez & Gardes des Maîtres Limonadiers, Diftilateurs & Marchands d'Eau de vie à Paris, font déboutez de
la caffation par eux demandée de l'Arrêt du 15 May 1682. Sentence du Châtelet du 30 Juillet 1683. par laquelle lefdits Epiciers font maintenus au droit de vifite chez les Diftillateurs fa-
briqueurs & faifeurs d'Eau de vie, fur les Eaux de vie qu'ils auront faites & fabriquées, avec défenfes d'aller en vifite chez
les autres Maîtres, Diftillateurs Marchands d'Eau de vie, fous
quelque prétexte que ce foit. Quittance de Finance montant à
vingt-fept mille livres, payée par lefdits Limonadiers, pour être
établis en Corps de Maîtrife & Jurande; & joüir des Priviléges attribuez par les Statuts & Lettres Patentes du 18 Janvier
1676. en date du 9 Août 1683. Arrêt de la Cour de Parlement du
22 May 1685, rendu entre Edouard Horte Marchand Hollan-
dois, & François Lavelle Maître Limonadier, appellant d'une
Sentence renduë par le Lieutenant de Police du 16 Octobre
1682. & les Maîtres & Gardes Epiciers & Apoticaires à Paris;
par lequel il eft ordonné que toutes les Eaux de vie feront me-
néer au Bureau des Epiciers, pour y être vifitées dans les
vingt-quatre heures, & celles appartenantes aux Marchands Forains venduës au Bureau en la maniére accoûtumée ; comme
auffi que tous les Marchands d'Eau de vie qui en font vendre
& débiter en détail à Paris, feront tenus de fouffrir les Vifites
des Maîtres & Gardes des Epiciers quand bon leur femblera,
aufquels les droits feront payés en la maniere accoûtumée, dépens compenfez. Autre Arrêt de la Cour du 2 Janvier 1686. rendu entre lefdits Maîtres & Gardes Epiciers à Paris, appellans
de la Sentence diffinitive renduë par le Lieutenant de Police
le 30 Juillet 1683. & la Communauté des Limonadiers, Diftillateurs d'Eau de vie, auffi appellans de ladite Sentence; par lequel Arrêt il eft dit que les Epiciers pourront aller en vifite
chez les Maîtres Limonadiers vendeurs d'Eau de vie, tant chez

ceux qui fabriquent que ceux qui débitent, & leur sera payé cinq sols pour chacune visite, deux fois l'année seulement. Sentence contradictoire du 2 Avril 1686. du Lieutenant de Police de Paris, obtenuë par les Maîtres Apoticaires-Epiciers de la Ville de Paris, seuls Gardes de l'Etalon Royal, par laquelle Etienne Marc Limonadier a été condamné en l'amende de cinquante livres, pour s'être servi de poids legers. Arrêt de la Cour de Parlement du 21 Juin 1686. rendu entre les Jurez & Gardes de la Communauté des Maîtres Limonadiers, Distillateurs, Marchands d'Eau de Vie à Paris, & les Maîtres & Gardes de la Communauté des Maîtres Apoticaires-Epiciers, & Marchands Epiciers de Paris, prenans le fait & cause pour François Landry, Marchand Apoticaire & Epicier, & pour Claude Francœur Epicier à Paris; par lequel oüi le Procureur Général, main-levée a été accordée du Caffé saisi sur lesdits Landry & Francœur, les Epiciers & Apoticaires reçûs opposans à l'éxecution de l'Arrêt d'homologation des Statuts; faisant droit sur l'opposition ordonné que les Limonadiers ne pourront composer que de l'Eau de vie & de l'Esprit de vin, conformément à l'Edit de 1681. qu'ils ne pourront faire venir de l'Eau de vie des Provinces, ni en envoyer ni vendre en gros. Leur permet de vendre en détail du Caffé en grain & en poudre, des Noix confites & Dragées, jusqu'à la concurrence d'une livre; a maintenu les Epiciers dans la possession de vendre du Sorbec & du Caffé en grain & en poudre, & lesdits Apoticaires en Liqueurs, avec défenses ausdits Limonadiers d'aller en visite chez lesdits Epiciers, de prendre la qualité de Maîtres & Gardes & de Marchands, mais seulement de Jurez Limonadiers, Distillateurs & vendeurs d'Eau de vie. Sentence contradictoire du 15 Octobre 1686. rendue par le Lieutenant de Police, par laquelle il est enjoint à Jean le Blancq, Limonadier, de souffrir la visite de ses poids par les Gardes Epiciers, toutes fois & quantes qu'il en sera requis, & de leur payer les droits de visite suivant & aux termes portés par les Réglemens, & condamné aux dépens, & autres piéces & procédures des parties: Oüi le rapport du Sieur de Breteüil, Conseiller d'Etat ordinaire, & Intendant des Finances. LE ROY EN SON CONSEIL, sans avoir égard à l'Arrêt du Parlement de Paris du vingt-un Juin 1686. en ce qu'il se trouve contraire aux articles premier, 3 & 4 des Statuts des Maîtres Limonadiers, Marchands d'Eau de vie, a

ordonné & ordonne que lefdits premier 3 & 4 articles defdits
Statuts feront executez; ce faifant, les Maîtres Limonadiers
Marchands d'Eau de Vie auront la faculté d'acheter, faire &
vendre de l'Eau de vie, en gros & en détail , & même d'en
faire venir des Provinces & Païs étrangers, & d'en envoyer
ainfi que bon leur femblera, avec prohibition à toutes perfonnes fans qualité, qui ne font point Maître d'une Communauté
qui foit en droit & poffeffion de vendre de l'Eau de vie, de
faire ladite Profeffion, d'en tenir magazin ou boutique ouverte, ni d'en faire vendre dans leurs maifons, fans préjudice à
ceux qui ont accoûtumé de vendre de l'Eau de vie en détail
par les ruës, d'en expofer fur des efcabelles ou tables, de continuer leur petit commerce, ainfi qu'ils ont fait par le paffé, conformément à l'Arrêt du 15 May 1682. auront lefdits Limonadiers à l'exclufion de tous autres Marchands & Artifans, la faculté de compofer & vendre toute Limonade, Ambrée , Parfu-
mée & autres Eaux de gelées & glace de fruits & de fleurs,
même les Eaux d'Anis & de Canelle, Framchipane, de l'Aigre
de Cedre, du Sorbec & du Caffé en grain, en poudre & en boiffon : Pourront auffi vendre des Serifes, Franboifes & autres
fruits confits dans l'Eau de Vie, avec des Noix confites & dragées en détail : Permet néanmoins Sa Majefté aufdits Apoticaires de compofer & vendre de l'Eau d'Anis & de Canelle en
Remede feulement, & aufdits Epiciers & Apoticaires de vendre & débiter en gros & en détail pendant fix mois, à compter
du jour de la fignification du préfent Arrêt, le Sorbec & Caffé
qu'ils ont fait venir pour leur compte, fi mieux ils n'aiment le
remettre dans un mois pour tout délay aufdits Limonadiers, qui
feront tenus de le prendre de gré à gré ; ou fuivant les factures
qui feront fidélement repréfentées , ce que lefdits Epiciers &
Apoticaires, feront tenus d'opter dans huitaine, finon l'option
referée aufdits Limonadiers. Et au furplus fera ledit Arrêt du
21 Juin 1686. & ceux de la Cour de Parlement des 22 May 1685.
& 2 Janvier 1686. executez felon leur forme & teneur, dépens
compenfez. FAIT au Confeil d'Etat du Roy , tenu à Verfailles
le treziéme Décembre mil fix cent quatre-vingt-neuf. Collationné. *Signé*, DE LESTRE. *Avec Paraphe.*

*Le vingt-neuf Décembre mil fix cent quatre-vingt-neuf, fignifié &*
*baillé coppie à Me Guifin, Avocat des Parties adverfes, en fon domicile,*
*à*

*à Paris, parlant à son Clerc ; par moy Huissier au Conseil.*
*Signé,* DE SEIGNEROLLES. *Avec Paraphe.*

*Le deuxiéme Janvier mil six cent quatre-vingt-dix, à la Requête*
*desdits Limonadiers, le présent Arrêt a été signifié & d'icelui baillé*
*copie aux fins y contenues, au Bureau des Épiciers & Apoticaires,*
*de la Ville & Fauxbourgs de Paris, au Cloître de Saint Oportune,*
*en parlant à la servante du Concierge dudit Bureau, & au Sieur*
*Nisseron, Marchand Épicier, l'un des Gardes, parlant à Marie*
*sa servante, en cette ville de Paris ; à ce que du contenu audit Ar-*
*rêt ils n'en prétendent cause d'ignorance. Fait à Paris par moi Huissier*
*ordinaire du Roy en ses Conseils. Signé,* BRISSET. *Avec Paraphe.*

# SENTENCE DE POLICE,
## du premier Septembre 1690.

*Qui ordonne que les Anciens, vingt Modernes & vingt Jeu-*
*nes, seront appellez suivant l'ordre du Tableau*
*pour l'élection des Jurez.*

A TOUS ceux qui ces présentes Lettres verront : Charles-
Denis de Bullion, Chevalier Marquis de Gallardon, Conseiller du Roi en ses Conseils, Prévôt de Paris. SALUT, sçavoir
faisons : Que l'an mil six cent quatre-vingt-dix, le premier jour de
Septembre : Vû la Requête presentée par Antoine Prévôt, Antoine Ribiere, & François Forjot, Jurez de présent en charge
de la Communauté des Marchands d'Eau-de-Vie, Maîtres Distillateurs à Paris ; Contenant que l'article VI. des Statuts qu'il a plû
à Sa Majesté de leur accorder, registrez au Parlement le vingt-
sept Mars 1676. Et par ledit article il est expressement dit qu'il
sera élû quatre Jurez dans icelle Communauté, à la pluralité des
voix des Maîtres d'icelle, dont deux chaque année sont élus pardevant le Procureur du Roi : Mais comme depuis la création de
ladite Communauté le nombre est beaucoup augmenté, en telle
sorte que lors qu'il s'agit de faire proceder à l'Élection de nouveaux Jurez, tous les Maîtres qui y sont appellez étant au nombre de plus de deux cens cinquante, le grand nombre cause beaucoup de confusion, ainsi que le Procureur du Roi a témoigné

F

aufdits Jurez il y a plufieurs années, & été refufant de leur délivrer fon Ordonnance pour être procedé au lieu & place d'Antoine Prévôt & de Jacques Meufnier qui ont fait leur tems, jufqu'à ce qu'il été par Nous pourvû ; C'eft pourquoi lefdits Antoine Prévôt, Antoine Ribiere & François Forjot, nous ont préfenté leur Requête tendante à ce qu'il nous plût ordonner que
les Anciens qui ont paffé les charges, enfemble un tiers des Modernes & jeunes Maîtres d'icelle Communauté feront. appellez
par chacune année alternativement felon l'ordre du Tableau des
Receptions, pour donner leurs voix pour la nomination des Jurez qu'il convient nommer, le tout pour éviter à la confufion
qui furvient à caufe du grand nombre defdits Maîtres, & les
conclufions du Procureur du Roi auquel le tout a été communiqué. Nous difons qu'à l'avenir feront appellez à l'élection des
Jurez de la Communauté des Maîtres Diftillateurs Marchands
d'Eau-de-Vie, ceux qui feront Jurez en charge, les anciens qui
ont été Jurez, vingt Modernes & vingt Jeunes, qui y viendront
alternativement les uns après les autres fuivant l'ordre du Tableau, pour donner leurs avis fur la nomination des Jurez qu'il
conviendra nommer : Ce qui fera exécuté nonobftant & fans préjudice de l'appel. En témoin de ce nous avons fait fceller ces
Préfentes : Ce fut fait & donné par Meffire GABRIEL-NICOLAS
DE LA REYNIE, Confeiller d'Etat ordinaire, & Lieutenant général de Police defdites Ville, Prévôté & Vicomté de Paris, le premier jour de Septembre audit an mil fix cent quatre-vingt-dix.
Collationé. Signé, BOYARD.

## AUTRE SENTENCE DE POLICE,
### du vingt-neuf Avril 1693.

*Qui ordonne que les Apprentifs refideront chez leurs Maîtres*
*pendant les trois ans de leur apprentiffage, & qu'ils*
*feront trois années de Compagnonage.*

A TOUS ceux qui ces préfentes Lettres verront : Charles-
Denis de Bullion, Chevalier Marquis de Gallardon, Seigneur de Bonnelles, Bullion, Efclimont, Monloüis, & autres
lieux, Confeiller du Roi, & Garde de la Prévôté de Paris. SA-

LUT, fçavoir faifons : Que vû la Requête à nous prefentée par les
Jurez Anciens & Modernes Maîtres de la Communauté des Diftillateurs, Marchands d'Eau-de-Vie, & de toutes fortes de Liqueurs de la Ville, Fauxbourgs & Banlieuë de Paris : Contenant
que fur les plaintes qui fe faifoient journellement en ladite Communauté des abus qui s'y gliffent, les Supplians fe feroient pourvûs au Confeil d'Etat du Roi, à qui ils auroient expofé, que SA
MAJESTE' ayant reconnu par une expérience publique l'utilité que
la diftillation & vente d'Eau-de-Vie, Efprit de Vin, & autres
Effences & Liqueurs apportoit au Public, il lui auroit plû en ériger un Corps formé par Lettres Patentes de l'année 1637. &
dans la fuite, en l'année 1673. il auroit érigé un autre Corps de
Marchands d'Eau-de-Vie & de Liqueurs, qui par rapport aux
fonctions du premier, y auroit été uni & incorporé par un Arrêt
du Confeil d'Etat de l'année 1676. de maniere que ces deux
Corps unis enfemble font à prefent regis par les mêmes Statuts
qui auroient été approuvez & autorifez, après avoir eu fur iceux
notre Avis, & regiftré où il auroit été befoin, & faifoient leur
négoce & diftillation de la même forte à l'inftar des autres Corps
de Marchands de cette Ville. Lefdits Supplians auroient fait connoître que la nouveauté de cet Etabliffement auroit produit
plufieurs abus, entr'autres au fujet des Apprentifs, qui les auroient
contraints de demander au Confeil de Sa Majefté l'interpretation
des articles IX. & X. de leurs Statuts; & qu'en conformité d'i-
ceux aucuns Maîtres ne pourroient à l'avenir avoir aucuns Apprentifs qui ne demeuraffent actuellement chez eux fans en fortir,
à moins d'empêchement legitime, dont ils feront tenus d'avertir
les Jurez; qu'ils ne pourroient même avoir plus d'un Apprentif
dans l'efpace de fix années, lequel feroit tenu après fon apprentiffage de fervir les Maîtres en qualité de Compagnon après trois
années : Surquoi il auroit plû au Confeil, après avoir renvoyé les
Requêtes & Pieces à Monfieur Chamillard qui en auroit fait fon
rapport, de faire dire aux Supplians de fe pourvoir pardevant
Nous pour ftatuer fur leur Requête, qui renferme le Réglement
le plus important qui foit à faire dans leurdite Communauté.
Pourquoi ils Nous auroient fupplié vouloir obferver. 1°. Pour ce
qui regarde la refidence des Apprentifs chez les Maîtres, qu'il y
en avoit nombre dans ladite Communauté qui prenoient plufieurs
Apprentifs, lefquels ne demeuroient point chez eux, dont ils ti-
roient des fommes confiderables, parce que pendant le tems de

leur apprentiſſage ils étoient ou en condition, ou dans des emplois qu'ils exerçoient juſqu'à l'expiration de leur apprentiſſage, le Brevet duquel les Maîtres qui les auroient faits Apprentifs, ne laiſſoient pas de certifier, afin de leur faciliter leur Reception à la Maîtriſe; Ce qui ſe trouvoit non ſeulement contraire aux Statuts, mais encore à l'équité & à la Juſtice, qui ne permet pas qu'on reçoive un Ignorant dans ſa profeſſion à une Maîtriſe, où il s'agit principalement de diſtillation & de compoſition de Liqueurs, qui peuvent être dommageables & nuiſibles à la ſanté des Peuples, par l'imperitie de ſes Apprentifs qui ne ſont ignorans, que parce qu'ils ont trouvé le moyen d'éluder les Statuts & leur apprentiſſage, par la facilité de ſes Maîtres qui certifient leur apprentiſſage avoir été fait chez eux quand ils n'y ſont point. Pour ce qui regarde la prohibition que demande ladite Communauté être faite aux Maîtres d'avoir plus d'un Apprentif qui ſervira en qualité de Compagnon trois années entieres, elle eſt fondée ſur ce qui ſe pratique dans tous les autres Corps de Communautez de cette Ville, & elle enlevera l'abus de ſes Maîtres qui font en même tems pluſieurs Apprentifs qui ne demeurent point chez eux; elle rendra les Maîtres plus capables de leur profeſſion, & ne remplira point cette Communauté d'Ignorans, par la neceſſité qu'il y aura de faire un Apprentif ſerieux & veritable: Pour juſtification de laquelle deuxiéme demande, les Supplians rapporteroient les Statuts des Marchands Tailleurs, ceux des Epiciers & Apotiquaires, qui faiſoient connoître que ſi dans ceux deſdits Supplians cela n'étoit pas nettement expliqué, s'en étoit du moins l'eſprit & la veritable interpretation qu'on pouvoit faire ſur ceux des Apotiquaires, qui en approchoient de plus près à cauſe des diſtillations qu'ils font, étant étrange de recevoir un Apprentif ſans experience dans ladite Communauté des Diſtillateurs, où il s'agit des eſprits ſubtils des Eſſences, & de les compoſer; ce que les Maîtres les plus expérimentez ne pourroient faire ſans une forte application. De ſorte que les plaintes portées à ladite Communauté des Supplians, cela les auroit obligez d'avoir recours à notre autorité, pourquoi ils Nous auroient préſenté leur Requête, contenant ce que deſſus, à ce qu'il Nous plaiſe ordonner que les Statuts deſdits Supplians ſeront executez, & en interpretant les articles IX. & X. d'iceux, faire défenſes aux Maîtres de ladite Communauté de faire à l'avenir aucuns Apprentifs qui ne demeurent actuellement chez eux ſans en ſortir, à moins d'empêchement legitime, dont ils feront tenus en ce cas d'avertir les Jurez en Charge, leur en dire la caufe, même les avertir de leur e-tour, afin que l'on fçache le tems qu'ils auront perdu, fous peine de trois cens livres d'amende, laquelle demeurera encouruë contre les contrevenans, en vertu de notre Jugement qui interviendra : Ordonner en outre que les Maîtres ne pourront avoir plus d'un Apprentif pendant l'efpace de fix années, qui ne fera admis à la Maîtrife qu'après avoir fait fon apprentiffage en la maniere ci-deffus, & fervi les Maîtres en qualité de Compagnon, dont ils feront tenus de rapporter des Certificats de Service, avec dé-fenfes aux Maîtres d'en délivrer à moins d'un fervice actuel, fous les mêmes peines. Notre Ordonnance du neuviéme Avril dernier, étant au bas de ladite Requête, renduë fur les Conclufions du Procureur du Roi, auquel elle auroit été communiquée, portant qu'avant faire droit fur ladite Requête, tous les anciens Maîtres, vingt Modernes, vingt Jeunes de ladite Communauté feroient affemblez pardevant Nous, en préfence dudit Procureur du Roi, pour donner leur avis fur ladite Requête, dont feroit dreffé Procès verbal, pour icelui communiqué au Procureur du Roi, être fur ces Conclufions ce qu'il appartiendra : Le Procès verbal fait en notre Hôtel le vingt-feptiéme dudit mois d'Avril, d'Affemblées des Anciens, Modernes & Jeunes Maîtres de ladite Communauté, en préfence dudit Procureur du Roi, contenant leur avis, fur le contenu en ladite Requête, notre Ordonnance étant au bas, portant qu'il fera communiqué au Procureur du Roi, pour fur fes Conclufions être pourvû ainfi qu'il appartiendra. Vû auffi ledit Projet d'Arrêt du Confeil figné de plufieurs Maîtres de ladite Communauté : Conclufions du Procureur du Roi, auquel le tout a été communiqué. Nous ayant aucunement égard à l'avis des Maîtres de ladite Communauté des Di-ftillateurs & Marchands d'Eau-de-Vie, Ordonnons qu'à l'avenir aucuns des Maîtres de ladite Communauté ne pourra avoir à mê-me tems plufieurs Apprentifs, qu'ils n'en auront qu'un feulement, lequel fera refident & demeurera actuellement dans leurs Maifons, fans que ledit Apprentif puiffe s'abfenter fans caufe legitime, dont chacun des Maîtres des Apprentifs feront tenus d'avertir les Ju-rez en Charge, à peine de cent livres d'amende contre le Maître : Que fuivant l'article IX. des Statuts de ladite Communauté, le tems d'apprentiffage fera de trois années à l'avenir comme par le paffé, & qu'après le tems d'apprentiffage expiré, les Apprentifs

qui voudroient parvenir à la Maîtrife, feroient tenus de fervir les
Maitres pendant trois ans en qualité de Compagnon : En témoin
de ce Nous avons fait fceller ces Préfentes données par Meffire
GABRIEL-NICOLAS DE LA REYNIE, Confeiller ordinaire du Roi
en fon Confeil d'Etat, Lieutenant Général de Police de la Ville,
Prévôté & Vicomté de Paris, le vingt-neuviéme jour d'Avril mil
fix cent quatre-vingt-treize. Collationné. Signé, OUDINOT, avec
paraphe.

## ARREST DE LA COUR DE PARLEMENT
### Du 26 Mars 1694.

*Qui maintient & garde les Maîtres Diftillateurs Marchands
d'Eau de Vie dans leur qualité, & dans le droit & poffeffion de Diftiller, acheter, vendre & débiter toutes fortes d'Eau de vie, d'en recevoir des Provinces & Païs
Etrangers, & d'y en envoyer, & de confire toutes fortes
de Fruits à l'Eau de Vie ; fait défenfes aufdits Vinaigriers
de les y troubler.*

ENtre les Syndics, Maîtres & Jurez des Diftillateurs & Marchands d'Eau de vie, & toutes fortes de Liqueurs de la
Ville Fauxbourgs & Banlieuë de Paris, Demandeurs en Requête du feptiéme Mars 1692. d'une part, & la Communauté des
Vinaigriers de ladite Ville défendeurs d'autre : Et entre lefdits
Vinaigriers demandeurs en Requête du quinziéme Avril enfuivant audit an d'une part, & lefdits Maîtres Jurez Diftillateurs,
Marchands d'Eau de vie, & de toutes fortes de Liqueurs, défendeurs & demandeurs en Requête du 30 Juin audit an d'une
part & lefdits Vinaigriers défendeurs d'autre : Et entre lefdits Diftillateurs vendeurs d'Eau de vie & de toutes fortes de Liqueurs,
demandeurs en Requête du dix dudit mois de Juin, & lefdits
Vinaigriers défendeurs d'autre : Et entre lefdits Diftillateurs,
Marchands d'Eau de vie & de toutes fortes de Liqueurs, demandeurs en Requête du 2 Juillet audit an 1692. d'une part,
& lefdits Vinaigriers défendeurs d'autre: Et entre lefdits Diftillateurs & Marchands d'Eau de vie, demandeurs en Requête du
24 dudit mois de Juillet d'une part, & lefdits Vinaigriers dé-

fendeurs d'autre : Et entre lefdits Jurez & Communauté des Vinaigriers demandeurs en Requête du 23 Décembre 1693. d'une
part , & lefdits Jurez , Diftillateurs & Marchands d'Eau de vie,
défendeurs d'autre : Et entre lefdits Jurez, Corps & Communauté des Limonadiers , demandeurs en Requête du premier
Février 1694. d'une part & lefdits Jurez & Communauté des
Vinaigriers , défendeurs d'autre : & encore entre lefdits
Jurez & Communauté des Limonadiers Marchands d'Eau
de vie , & de toutes fortes de Liqueurs , demandeurs en
Requête du deuxiéme Mars 1694. d'une part, & lefdits Jurez &
Communauté des Vinaigiers défendeurs d'autre. VEU PAR LA
COUR, en laquelle par Arrêt du Confeil du premier Mars 1692.
les parties auroient été renvoyées pour y procéder fur leurs differends, ainfi qu'ils aviferoient bon être ; ladite Requête defdits
Jurez Limonadiers , Marchands d'Eau de vie dudit jour fept
Mars 1692. à ce que défenfes fuffent faites aufdits Maîtres Vinaigriers & tous autres de s'immifcer dans la faculté & fonction
des Diftillateurs ; d'acheter & débiter dans leurs boutiques aucunes Eaux de vie des Provinces , & d'en faire venir directement
ni indirectement , même de confire aucuns Fruits avec Eau de
vie , & compofer aucunes Liqueurs pour les débiter au Public ,
fans préjudice néanmoins aufdits Vinaigriers de faire & débiter
de l'Eau de vie dans leurs maifons, des Vins du Pays ou autres, & icelles débiter dans leurs boutiques, fuivant & conformément à leurs Statuts : & en cas de contravention permis
aufdits Limonadiers Diftillateurs de faifir lefdites Eaux de vie,
& toutes fortes de Liqueurs , pour être confifquez , les contrevenans condamnez en trois cens livres d'amende, & en outre
lefdits Vinaigriers condamnez aux dommages & interêts defdits
Diftillateurs , & aux dépens, fauf aufdits Diftillateurs & Marchands d'Eau de vie de prendre telles autres conclufions qu'ils
aviferont ; défenfes defdits Vinaigriers du 14 Avril 1692. Repliques defdits Diftillateurs. La Requête & demande defdits Vinaigriers du 5 dudit mois d'Avril, à ce qu'ils fuffent maintenus
& gardez en la poffeffion & jouiffance en laquelle ils étoient de
diftiller, faire vendre & débiter dans leurs Boutiques en gros & en
détail de l'Eau de vie de toutes fortes de vins , & de faire toutes
les fonctions dont ils ont toûjours été en poffeffion : Défenfes
aufdits Limonadiers & tous autres de les y troubler, à peine

de cinq cens livres d'amende , & de tous dépens dommages
& intérêts : lefdits Limonadiers condamnez en tous les dépens
faits tant au Confeil qu'en la Cour , par lefdits Vinaigriers :
défenfes defdits Diftillateurs & Marchands d'Eau de vie.
Arrêt d'apointé en droit du 22 dudit mois d'Avril 1692.
avertiffement , productions des parties & contredits refpectivement fournis , des 14 & 25 Juin audit an , fuivant ledit Arrêt.
La Requête & demande defdits Diftillateurs & Marchands d'Eau
de vie du 3 dudit mois de Juin, à ce qu'en déboutant lefdits Vinaigriers de leurs demandes il fût ordonné que l'Arrêt du Confeil
de réunion defdits Diftillateurs avec lesMarchands d'Eau de vie
& Limonadiers, en un même Corps de Maîtrife & Jurande , &
ès Statuts en confequence enregiftrez en la Cour , feroient executez felon leur forme & teneur , & en confequence que lefdits
Diftillateurs fuffent maintenus feuls dans la qualité de Marchands
Diftillateurs d'Eau de vie , & de toutes fortes de Liqueurs , &
dans le droit & pofeffion de diftiller , acheter, vendre & débiter toutes fortes d'Eau de vie , & de celles des Provinces, en
recevoir, en envoyer dans les Pays étrangers, faire confir toutes fortes de fruits avec Eau de vie , avec défenfes aufdits Vinaigriers & tous autres de les y troubler & entreprendre fur leur
fonction, & pour l'avoir fait , qu'ils feroient condamnez en dix
mille livres de dommages & intérêts & dépens : Ladite demande réglée par Ordonnance de la Cour , étant au bas de ladite
Requête, à fournir par lefdits Jurez & Communauté des Vinaigriers de défenfes, écrire & produire dans le tems de l'Ordonnance & joint, & acte aufdits Diftilateurs & Marchands d'Eau
de vie , de ce que pour écritures & productions fur ladite demande , ils employent le contenu en leur Requête, les pieces y
jointes , & ce qu'ils avoient écrit & produit en l'Inftance. Requête defdits Jurez & Communauté des Vinaigriers , du 10 dudit
mois de Juin employée pour déffenfes, écritures & production fur
ladire demande, même pourconttedits contre l'emploi pour production defdits Diftillateurs. Requête difdits Diftillateurs & Marchands d'Eau de vie du 16 dudit mois de Juin , employée pour
repliques aux défenfes defdits Vinaigriers , & pour contredits
contre leur employ pour production. Requête defdits Vinaigriers
du 21 dudit mois employée pour falvations. La Requête & demande defdits Diftillateurs & Marchands d'Eau de vie du 10 dudit mois de Juin , à ce qu'où les Vinaigriers voudroient prétendre

dre que l'Arrêt du 10 Avril 1666., rendu entr'eux & les Epiciers, & celui du 18 Janvier 1674. leur attribue le droit de négoce de l'Eau de vie des Provinces de France, & leur permet d'en acheter & d'en faire venir des Païs étrangers, d'en envoyer dans lesdits pays étrangers, & d'en débiter, lesdits Distillateurs & Marchands d'Eau de vie seroient reçus opposans à l'execution desdits Arrêts, faisant droit sur leur opposition, que les conclusions par eux prises en l'Instance leurs seroient adjugez, lesdits Vinaigriers condamnez aux dépens, fins de non-recevoir & défenses desdits Vinaigriers. Réponses auxdites fins de non-recevoir desdits Distillateurs. Arrêt d'appointé en droit & joint, du 11 dudit mois de Juin. Productions des parties suivant ledit Arrêt, par Requête d'employ des 16 & 26 dudit mois de Juin. Contredits & salvations respectivement fournies par lesdites Requêtes dudit jour 26 Juin & 3 Juillet en suivant. Production nouvelle desdits Distillateurs, par Requête du 16 dudit mois de Juin. Contredits desdits Vinaigriers par Requête du 25 Juillet ensuivant. Production nouvelle desdits Vinaigriers par Requête du 27 dudit mois de Juin. Contredits desdits Distillateurs par Requête du 2 Juillet. Salvations desdits Vinaigriers par Requête du septiéme dudit mois, ladite Requête du 2 Juillet contenant demande à ce que défenses fussent faites auxdits Vinaigriers de prendre la qualité de Marchands, laquelle seroit rayée & biffée des Requêtes où ils avoient pris ladite qualité, avec défenses de la prendre à l'avenir dans aucuns actes, & pour l'avoir fait qu'ils seroient condamnez aux dommages interests & dépens, ladite demande réglée par l'Ordonnance de la Cour étant au bas de ladite Requête à fournir par les défendeurs de défenses, écrire & produire dans le tems de l'Ordonnance & joint, & acte auxdits Distillateurs de ce que pour écritures & productions ils employent le contenu en leur Requête & les piéces y jointes, ce qu'ils avoient écrit & produit en l'Instance. Requête desdits Vinaigriers du 7 dudit mois de Juillet, employée pour défenses écritures & production sur ladite demande, même pour contredits contre l'employ pour production desdits Distillateurs des 7 & 24 dudit mois de Juillet, employée pour réponse à celle desdits Vinaigriers, & contredits contre leur emploi pour production : réponses & salvations, & tout ce qui avoit été dit, écrit & produit par les Vinaigriers. Factum imprimé desdits Distillateurs & Marchands

G

d'Eau de vie, fignifié au Procureur defdits Vinaigriers, le 18 dudit mois de Juillet : Production nouvelle defdits Diftillateurs & Marchands d'Eau de vie, par requête dudit jour 24 Juillet & contredits defdits Jurez & Communauté des Vinaigriers du 26 dudit mois; ladite requête defdits Diftillateurs dudit jour 24 Juillet, contenant demande à ce qu'attendu que les Vinaigriers vendoient encore actuellement des Liqueurs, il leur fut permis d'aller en vifite chez eux, fans frais ni retribution pour faifir lefdits fruits confits & Liqueurs pour être confifquez, lefdits Vinaigriers condamnez en telle demande qu'il plairoit à la Cour, ladite demande réglée par Ordonnance de la Cour, étant en bas de ladite requête, à fournir par lefdits Vinaigriers de défenfes, écrire & produire dans le tems de l'Ordonnance & joint. Et acte aufdits Limonadiers & Marchands d'Eau de vie, de ce que pour écritures & production, ils employent le contenu en leur requête, les pieces y jointes, & ce qu'ils auroient écrit & produit en l'Inftance. Requête defdits Jurez & Communauté defdits Vinaigriers, du 26 dudit mois de Juillet, employée pour défenfes, écritures & production fur ladite demande, même pour contredits contre l'employ pour production defdits Limonadiers. Requeste defdits Limonadiers & Marchands d'Eau de vie du 31 dudit mois de Juillet employé pour réponfe à celle defdits Vinaigriers, & pour contredits contre leur employ pour production nouvelle defdits Diftillateurs, par requête du 23 dudit mois de Juillet. Contredits defd. Vinaigriers par requête du 24 dudit mois de Juillet. Arrêt rendu fur les conteftations ci-deffus, & fur les conclufions du Procureur général du Roy, du 18 Août audit an 1692. par lequel avant faire droit auroit été ordonné au Lieutenant de Police & au Subftitut du Procureur général du Roy au Châtelet, pour leur avis rapporté être fait droit aux parties, ainfi qu'il appartiendroit, cependant par provifion fait défenfes aufdits Vinaigriers de confire des fruits à l'Eau de vie, compofer & vendre des Liqueurs, dépens refervez : avis defdits Lieutenant général de Police & Subftitut du Procureur général du Roy au Châtelet, en execution dudit Arrêt du 9 Décembre 1693. la requête defdits Jurez & Communauté des Vinaigriers dudit jour 23 dudit mois de Décembre, contenant leur demande, à ce qu'en leur adjugeant les fins & conclufions par eux prifes en l'Inftance, lefdits Limonadiers feroient condamnez en tous les dépens, même en ceux refervez par l'Arrêt du 18 Août 1692. Ladite

demande reglée par Ordonnance de la Cour étant au bas de ladite requête, à fournir par lefdits défendeurs de défenfes, écrire
& produire dans le jour, & acte aufdits Jurez & Communauté
des Vinaigriers, de ce que pour écritures & production, ils
employent le contenu en leur requête, les pieces y jointes, ce
qu'ils auroient écrit & produit en l'Inftance : Sommation faite
aufdits Limonadiers de fournir de défenfes, écrire & produire
fur ladite demande : même de fournir de contredits contre l'emploi pour production defdits Vinaigriers. Production nouvelle
defdits Vinaigriers, par requête du 19 dudit mois de Décembre :
Contredits defdits Diftillateurs & Marchands d'Eau de vie du
29 dudit mois de Janvier : Contredits defdits Jurez & Communauté defdits Vinaigriers du 5 Février audit an. Autre production nouvelle defdits Jurez & Communauté defdits Vinaigriers, du 29 Janvier dernier : Contredits defdits Diftillateurs,
& Marchands d'Eau de vie du 9 Mars enfuivant audit an. Requête defdits Diftillateurs & Marchands d'Eau de vie & de toutes fortes de Liqueurs, dudit jour premier Février 1694. contenant demande à ce qu'en leur adjugeant les conclufions par
eux prifes en l'Inftance, lefdits Vinaigriers feroient condamnez
aux dépens, même en ceux refervez par l'Arrêt du 18 Août 1692.
ladite demande reglée par Ordonnance de la Cour étant au bas
de ladite requête, à fournir par lefdits Jurez & Communauté
des Vinaigriers de défenfes, écrire & produire dans le tems de
l'Ordonnance & joint : & acte aufdits Diftillateurs & Marchands
d'Eau de vie, de ce que pour écritures & production fur ladite
demande, ils employent le contenu en leur requête, & ce qu'ils
avoient écrit & produit en l'Inftance. Requête defdits Jurez &
Communauté defdits Vinaigriers du 3 dudit mois de Fevrier,
employée pour défenfes écritures & production fur ladite demande, même pour contredits contre l'emploi pour production
defdits Diftillateurs & Marchands d'Eau de vie. Sommation à
eux de fournir de contredits contre l'emploi pour production
defdits Vinaigriers. Deux productions nouvelles defdits Jurez &
Communauté defd. Vinaigriers, par requêtes des 6 & 12 Fevrier
1694, Contredits defdits Diftillateurs & Marchands d'Eau de
vie du 9 Mars enfuivant, la requête defdits Diftillateurs & Marchands d'Eau de vie du deuxiéme dudit mois de Mars, contenant demande à ce que fans s'arrêter à l'avis donné par lefdits
fieurs Lieutenant general de Police & Subftitut du Procureur général du Roy au Châtelet, en ce qu'il accorde le négoce de

l'Eau de vie, & le débit par pinte aux Vinaigriers dans leurs boutiques, défenfes feroient faites aufdits Vinaigriers d'en donner à boire
dans leurs maifons & boutiques, aux paffans dans de petits verrus
ou taffes, & d'y faire des Cabarets, directement ou indirectement
fous peine de 500 liv. d'amende, ou telle autre qu'il plairoit à la
Cour arbitrer, enjoindre au Lieutenant de Police de tenir la main
à l'execution de l'Arrêt qui interviendroit, lefdit Vinaigriers condamnez aux dépens, ladite demande reglée par Ordonnance de la
Cour étant au bas de ladite requête à fournir par lefdits Jurez &
Communauté des Vinaigriers, de défenfes, écrire & produire
dans le tems de l'Ordonnance & joint, & acte aufdits Diftillateurs
& Marchands d'Eau de vie, de ce que pour écritures & production fur ladite demande ils employoient le contenu en leurs
requêtes les pieces y jointes, & ce qu'ils avoient écrit & produit
en l'Inftance. Requête defdits Jurez & Communauté des Vinaigriers du 4 dudit mois de Mars audit an 1694. employée
pour défenfes écritures & production fur ladite demande ; même pour contredits contre l'employ pour production defdits diftillateurs & Marchands d'Eau de vie : Sommation à eux faite
de fournir de contredits contre l'emploi pour production defdits
Vinaigriers : Conclufions du Procureur général du Roi : Et tout
confideré. LA COUR, fans s'arrêter à l'oppofition defdits Diftillateurs & Marchands d'Eau de vie & autres Liqueurs, les maintient & garde dans la qualité de Marchands Diftillateurs d'Eau de
vie, & de toutes fortes de Liqueurs & dans le droit & poffeffion de
diftiller, acheter vendre & débiter toutes fortes d'Eau de vie, d'en
recevoir des Provinces & Pays étrangers, & d'y en envoyer, &
de confire toutes fortes de fruits à l'Eau de vie. Fait défenfe aufd.
Vinaigriers de les y troubler, de confire aucuns Fruits avec
de l'Eau de vie, compofer & vendre aucunes Liqueurs pour
les débiter au Public, & de prendre la qualité de Marchand.
Maintient auffi lefdits Jurez, Maîtres & Communauté defdits
Vinaigriers en poffeffion de diftiller, faire vendre de l'Eau de
vie en gros & en détail : Leur permet d'en acheter des Marchands Forains & autres, & d'en faire venir des Provinces. Fait
défenfe aufdits Diftillateurs & Marchands d'Eau de vie de les y
troubler ; fur le furplus des demandes, met les Parties hors de
Cour, dépens compenfez. Fait en Parlement le 26 Mars 1694.
Collationné. Signé DU TILLET.

Signifié le 8 Juin 1664. & baillé copie du prefent Arrêt à la Commu-

*nauté des Limonadiers de cette Ville de Paris, en leur Bureau rue de la*
*Pelleterie, parlant à leurs perfonnes, par moi Huiffier fouffigné.*
Signé, MORTIER & *Contrôlé.*

# ARREST DU PARLEMENT,
## du 15 Juillet 1695.

*Renduë avec les Maîtres Fruitiers, portant permiffion aux*
*Diftillateurs de faire venir des Oranges & autres Fruits*
*pour leur commerce, & d'en vendre en détail.*

PAR Arrêt du Parlement rendu entre le nommé Jean Bon-
net Maître Diftillateur, la Communauté des Maîtres Diftillateurs, d'une part ; & les Jurez de la Communauté des Maîtres
Fruitiers à Paris, d'autre part.
Par lequel LA COUR a permis aux Marchands d'Eau-de-
Vie Diftillateurs, de faire venir des Oranges, Citrons & Biga-
rades pour leur commerce, & d'en vendre en détail feulement.

# ARREST DU CONSEIL D'ESTAT,
## du 25 Septembre 1696. & Lettres Patentes du 12 Mars 1702.

*Qui ordonne qu'un Apprentif ne pourra être obligé au-def-*
*fus de l'âge de dix-huit ans, fait défenfes aux pauvres*
*Maîtres & Veuves de prêter leurs noms ; & qui ordonne*
*qui leur fera payé 36 liv. par an par forme d'Aumône.*

### EXTRAIT DES REGISTRES DU CONSEIL D'ETAT.

SUR la Requête préfentée au Roi en fon Confeil, par les Jurez, Corps & Communauté des Maîtres Diftillateurs Marchands d'Eau-de-Vie, & de toutes fortes de Liqueurs de la Ville
& Fauxbourgs de Paris : CONTENANT, qu'ayant appris que Sa
Majefté par Arrêt de fon Confeil du 14 Juin 1695. avoit ordonné que les Offices d'Auditeurs Examinateurs des Comptes pour
chaque Corps & Communauté des Marchands, Arts & Métiers,
créez par Edit du mois de Mars 1694. demeureroient réunis &

incorporez pour toujours aufdits Corps &, Communautez , aufquels appartiendroit le Droit Royal attribué aufdits Offices depuis ledit Edit, & à toujours, pour être payé par chacun Afpirant à la Maîtrife, fuivant la fixation portée par l'Edit du mois
de Mars 1691. & qu'en outre lefdits Corps & Communauté
joüiroient, à commencer du premier Janvier audit an 1695. des
Gages qui leur feroient répartis par l'Etat d'Evaluation qui en feroit arrêté au Confeil, & que la répartition feroit faite de la finance contenue audit Etat d'Evaluation fur tous les Particuliers de
chaque Corps chacun en droit foi, le plus équitablement que
faire fe pourroit ; le montant defquelles repartitions feroit payé
un mois après la fignification dudit Arrêt, le deuxiéme tiers trois
mois après, & le troifiéme faifant le parfait payement dans les
trois mois fuivans, & lefquelles fommes feroient payées ; fçavoir, les fommes principales fur les Quittances du Tréforier des
Revenus Cafuels, ou fur les Recepiffez de M. Matthieu Lion
chargé du recouvrement de ladite finance, fes Commis, Procureurs ou Prépofez, portant promeffe de rapporter lefdites Quittances de finances, & les deux fols pour livre fur les Quittances
dudit Lion, & ladite Communauté ayant été avertie que la finance defdits Offices ayoit été liquidée & moderée à leur égard à la
fomme de vingt mille livres, & deux mille livres pour les deux
fols pour livre ; les Jurez anciens & autres Maîtres, pour témoi-
gner leur zéle & leurs foûmiffions aux Ordres de Sa Majefté, auroient volontairement prêté diverfes fommes à leur Communauté, chacun à proportion de leurs facultez, en telle forte que les
Jurez ont payé entre les mains du Commis dudit Lion la fomme de dix mille trois cens trente-trois livres fix fols huit deniers,
laquelle n'étant pas fuffifante, lefdits Jurez, Anciens & Maîtres,
feroient demeurez d'accord par une Déliberation faite au Bureau
de leur Communauté l'onziéme Août dernier, qu'il feroit fait par
lefdits Jurez & Anciens une répartition fur tous lefdits Maîtres
le plus équitablement qu'il feroit poffible, pour contribuer au
payement de ladite finance, & les deux fols pour livre d'icelle,
& pour affurer un fond certain, avec mille livres de Gages effec-
tifs à eux accordez par le Roy, & ce qui peut provenir du Droit
Royal pour le payement des interêts, & des principaux des fommes qui ont été & feront prêtées à la Communauté pour compofer ladite fomme de vingt mille livres, & deux mille livres à
quoi montent les deux fols pour livre d'icelle ; & pour mainte-

nir un bon ordre dans leur Communauté, ils feroient convenus par une Déliberation du 11 Août dernier, que la fomme pour laquelle chaque Maître feroit employé dans la répartition, feroit par lui prêtée à ladite Communauté dont l'interêt lui feroit payé, & auroient tous les Maîtres qui prêteroient leurs deniers pour la finance defdits Offices hypotheque & privilege fpecial fur lefdits Offices, Gages, & Droit Royal y attribuez, & fur tous les Droits qui feroient de nouveau établis pour acquitter la Communauté des fommes qu'elle auroit empruntées; qu'il plairoit à Sa Majefté leur accorder la réunion defdits Offices, fans être obligez de prendre des Lettres de Provifions, & de difpenfer les Jurez de prendre à l'avenir aucunes Lettres de Confirmation, comme auffi la joüiffance des Gages, à compter du premier Janvier 1695. & le Droit Royal depuis l'Edit du mois de Mars 1694. qu'aucun Maître ne pourroit obliger de nouveau aucun Apprentif que fix ans après qu'il en auroit obligé un premier, & que défenfes leur feroient faites d'en obliger au-deffus de l'âge de dix-huit ans, le tout à peine de nullité, & de dommages & interêts contre le Maître qui auroit obligé l'Apprentif, & contre les Jurez qui auroient approuvé le Brevet; que pour la reception d'un Maître de chef-d'œuvre il feroit payé trois cens cinquante livres au profit de la Communauté, outre les frais ordinaires de reception; & pour la reception d'un homme fans qualité, qui époufe-roit une Veuve, il fera perçû fix cens livres auffi outre les droits accoûtumez; qu'il leur feroit permis de recevoir vingt-deux Maîtres fans qualité; que défenfes feroient de nouveau faites aux pauvres Veuves & aux pauvres Maîtres, de prêter leurs noms à des gens fans qualité pour tenir boutique, à peine d'être déchus de la Maîtrife; & que pour leur donner moyen de vivre, il leur feroit payé par les Jurez aux dépens de la Communauté, par chacun an, trente-fix livres par forme d'aumône qui leur feroient diftribuez par les Jurez & par avance; & feroit le Rôle des perfonnes à qui ladite aumône fera donnée, arrêté par les Jurez, & les Anciens au commencement de chaque année; que les Jurez rendroient compte tous les ans de ce qu'ils auroient reçû & payé en préfence des Anciens & de deux Modernes & de deux Jeunes qui auroient prêté à la Communauté pardevant le Procureur de Sa Majefté au Châtelet, & ce qui fe trouveroit de deniers reftans entre leurs mains après les arrerages & interêts payez feroit employé à rembourfer quelque principal, à commencer par les Maîrcs plus anciens en reception , fans que lefdits deniers puiffent être employez à aucune autre dépenfe, à peine par les Jurez d'en demeurer refponfables en leurs propres & privez noms , & au furplus que les Statuts de leur Communauté , Arrêts & Régle- mens feroient exécutez felon leur forme & teneur. A CES CAU- SES requeroient Sa Majefté qu'il lui plût fur ce leur pourvoir. Vû ladite Déliberation dudit jour 11 Août dernier. Ouy le Rapport du Sieur Phelypeaux de Pontchartrain, Confeiller ordinaire au Confeil Royal , Controlleur Général des Finances, LE ROY EN SON CONSEIL a ordonné & ordonne qu'en payant par la Communauté des Maîtres Diftillateurs, Marchands d'Eau-de- Vie la fomme de vingt mille livres d'une part, à laquelle la fi- nance des Offices d'Auditeurs Examinateurs des Comptes créez par Edit du mois de Mars mil fix cens quatre-vingt quatorze, a été réduite & moderée ; & celle de deux mille livres d'autre part pour les deux fols pour livre ; fçavoir, ce qui refte du fecond tiers dans le mois d'Octobre prochain , & l'autre tiers faifant le parfait payement dans le mois de Décembre fuivant ; lefdits Offices d'Auditeurs-Examinateurs des Comptes feront & demeureront réunis & incorporez pour toujours à ladite Communauté, fans qu'il foit befoin de prendre des Lettres de Provifion , dont Sa Ma- jefté a relevé & difpenfé les Supplians ; Ordonne que ladite Communauté joüira , fuivant l'Arrêt du Confeil du quatre du préfent mois, des mille livres de Gages attribuez aufdits Offices d'Auditeurs qui feront reçûs par les Jurez en Charge, & fous les Quittances qu'ils en donneront fignées feulement du plus ancien defdits Jurez, fans qu'il foit befoin d'autre pouvoir ; com- me aufli joüira ladite Communauté du Droit Royal attribué auf- dits Offices, à commencer du jour de l'Edit de création d'iceux, lequel droit fera perçû fur le pied , & ainfi qu'il a été établi par l'Edit du mois de Mars mil fix cens quatre-vingt onze ; & en con- féquence ce qui a été payé pour ledit Droit Royal depuis le pre- mier Avril mil fix cens quatre-vingt-quatorze, fera rendu à ladite Communauté. Permet Sa Majefté aux Jurez d'icelle d'emprun- ter à conftitution de rentes des Maîtres de ladite Communauté les fommes néceffaires, tant pour payer lefdits vingt-deux mille li- vres , que pour les frais, dont l'interêt leur fera payé à raifon du denier vingt, à commencer du jour du Recepiffé qui leur en au- ra été donné par les Jurez, & fans qu'il foit befoin de faire men- tion defdits emprunts dans la Quittance de finance qui fera déli- vrée

vrée aufdits Jurez, conformément à la claufe de l'Edit du mois de Mars mil fix cens quatre-vingt quatorze; & pour fûreté d..fdits emprunts, ordonne Sa Majefté que lefdits Offices d'Auditeurs-Examinateurs des Comptes, Gages & Droit Royal y attribuez, enfemble les autres Droits & Revenus de ladite Communauté demeureront affectez & hypothequez par privilege fpecial, tant au remboursement des principaux, qu'au payement des interêts d'iceux, & qu'à l'avenir les droits & revenus de la Communauté feront employez conjointement avec ce qui proviendra du Droit Royal & des Gages; premierement au payement des interêts, & enfuite au remboursement de partie des principaux defdites fommes, à commencer par les Maîtres plus anciens en reception, ce que les Jurez feront tenus de faire de fix mois en fix mois, à peine de deftitution de la Jurande. Ordonne Sa Majefté qu'aucun Maître ne pourra obliger un nouvel Apprentif, que fix ans après qu'il en aura obligé un premier; & que ledit Apprentif ne pourra être obligé au-deffus de l'âge de dix-huit ans, à peine de nullité, & de dommages & interêts contre le Maître qui aura obligé l'Apprentif, & contre les Jurez qui auront approuvé le Brevet d'apprentiffage; que pour la reception d'un Maître de chef-d'œuvre, il fera payé à l'avenir la fomme de trois cens cinquante livres au profit de la Communauté, outre les frais ordinaires de la reception; & pour celle d'un homme fans qualité qui époufera une Veuve, il fera payé fix cens livres auffi, outre les droits accoûtumez. Permet Sa Majefté aufdits Jurez & Communauté de recevoir vingt-deux Maîtres fans qualité fur le pied qui fera convenu par ladite Communauté, & fait défenfes aux pauvres Veuves & aux pauvres Maîtres de prêter leurs noms à des gens fans qualité pour tenir boutique, à peine d'être déchûs de la Maîtrife; & pour leur donner moyen de vivre, ordonne Sa Majefté qu'il leur fera payé par les Jurez aux dépens de la Communauté par chacun an trente-fix livres par forme d'aumône qui leur fera diftribuée par lefdits Jurez, & par avance, dont il fera fait un Rôle au commencement de chaque année par les Jurez & Anciens. Ordonne en outre Sa Majefté que les comptes feront rendus tous les ans par les Jurez, un mois après qu'ils feront fortis de Charge, pardevant le Procureur du Roi au Châtelet, en préfence des Anciens, de deux Modernes, & de deux jeunes Maîtres qui auront prêté à la Communauté, & que les élections des Jurez feront pareillement faites pardevant lui en la maniere accoûtumée, & les Jurez auto-

H

rifez à en exercer toutes leurs fonctions en vertu des commissions qui leur seront par lui délivrées, sans être obligez de prendre aucunes Lettres de Provision ou de Confirmation, dont Sa Majesté les a dispensez & déchargez, dérogeant pour ce regard à la clause de l'Edit du mois de Mars mil six cens quatre-vingt-onze, & autres Lettres à ce contraires ; Et au cas qu'aucuns desdits Maîtres refusent de prêter les sommes pour lesquelles ils ont été employez dans l'Etat de Répartition qui a été fait de la finance desdits Offices, ils y seront contraints par provision, nonobstant oppositions ou appellations quelconques, & sans préjudice d'icelles, dont si aucunes interviennent, Sa Majesté s'en est reservé la connoissance, & à son Conseil, & icelle interdit à toutes ses autres Cours & Juges ; & pour l'exécution du présent Arrêt toutes Lettres nécessaires seront expédiées. Fait au Conseil d'Etat du Roi, tenu à Marly le vingt-cinquiéme jour de Septembre mil six cent quatre-vingt-seize. Collationné. *Signé*, R A N C H I N.

L OU I S, par la grace de Dieu, Roi de France & de Navarre : A tous ceux qui ces Présentes verront, SALUT. Nos bien amez les Jurez, Corps & Communauté des Maîtres Distillateurs, Marchands d'Eau de vie & de toutes sortes de Liqueurs de notre bonne Ville & Fauxbourgs de Paris, Nous ont très-humblement fait remontrer, que par Arrêt rendu en notre Conseil d'Etat le 25 jour de Septembre 1696. sur la Requête qu'ils nous y avoient présentée, Nous aurions entr'autres choses ordonné qu'aucun Maître ne pourroit obliger un nouvel Apprentif, que six ans après qu'il en aura obligé un premier, & que ledit Apprentif ne pourra être obligé au dessus de l'âge de dix-huit ans, à peine de nullité & de dommages & interêts contre le Maître qui aura obligé l'Apprentif, & contre les Jurez qui auront approuvé le Brevet d'apprentissage ; que pour la reception d'un Maître de Chef-d'œuvre il seroit payé à l'avenir la somme de trois cens cinquante livres au profit de la Communauté, outre les frais ordinaires de la réception ; & pour celle d'un homme, sans qualité, qui épousera une Veuve, il sera payé six cens livres, aussi outre les droits accoûtumez. Sur lequel Arrêt Nous aurions ordonné que toutes Lettres à ce necessaires seroient expediées ; & d'autant que ceux desdits Jurez qui ont été en Charge n'ont point pris le soin d'obtenir nosdites Lettres depuis ledit Arrêt, & qu'il se commet par cette negligence beaucoup d'abus dans ladite Communauté, pour à quoi remedier, les Jurez d'icelle à préfent en Charge, Nous ont très-humblement fait fupplier de leur vouloir octroyer nofdites Lettres fur ce neceffaires, pour autorifer notre volonté portée par ledit Arrêt. A ces causes de l'avis de notre Confeil qui a vû notredit Arrêt rendu en icelui ledit jour 25 Septembre 1696. ci-attaché fous le contre-fcel de notre Chancellerie: Nous, conformément à icelui, avons par ces Préfentes fignées de notre main, ordonné & ordonnons, qu'aucun Maître ne pourra obliger un nouvel Apprentif, que fix ans après qu'il en aura obligé un premier, & que ledit Apprentif ne pourra être obligé au-deffus de l'âge de dix-huit ans, à peine de nullité & de dommages & interêts contre le Maître qui aura obligé l'Apprentif, & contre les Jurez qui auront approuvé le Brevet d'apprentiffage, & Nous avons en outre ordonné & ordonnons que pour la reception d'un Maître de Chef-d'œuvre, il fera payé à l'avenir la fomme de trois cens cinquante livres au profit de ladite Communauté, outre les frais ordinaires de la réception; & pour celle d'un homme fans qualité, qui époufera une Veuve, il fera payé fix cens livres auffi, outre les droits accoûtumez : Permettons auffi aufdits Jurez & Communauté de recevoir vingt-deux Maîtres fans qualité fur le pied qui fera convenu par ladite Communauté, & faifons défenfes aux pauvres Veuves & aux pauvres Maîtres, de prêter leurs noms à des gens fans qualité, pour tenir Boutique, à peine d'être déchûs de la Maîtrife : & pour leur donner moyen de vivre, voulons qu'il leur foit payé par les Jurez, aux dépens de la Communauté par chacun an, trente-fix livres par forme d'aumône, qui leur fera diftribuée par lefdits Jurez & par avance, dont il fera fait un Rôle au commencement de chaque année par les Jurez & Anciens; ordonnons en outre que les Comptes feront rendus tous les ans par les Jurez un mois après qu'ils feront fortis de Charge, pardevant notre Procureur au Châtelet en préfence des Anciens, de deux Modernes & de deux Jeunes Maîtres qui auront prêté à la Communauté, & que les élections des Jurez feront pareillement faites pardevant lui en la maniere accoûtumée, & les Jurez autorifez à en exercer toutes leurs fonctions en vertu des Commiffions qui leur feront par lui délivrées, fans être obligez de prendre aucunes Lettres de Provifion ou de Confirmation dont nous les avons difpenfez & déchargez, dérogeant pour ce regard à la claufe de notre Edit du mois de Mars 1691. & autres Lettres à ce contraires. Si DON-

H ij

NONS EN MANDEMENT à nos Amez & Feaux-Confeillers les Gens tenans notre Cour de Parlement à Paris, & autres nos Officiers & Jufticiers qu'il appartiendra, que ces Préfentes & ledit Arrêt ils ayent à faire enregiftrer, & de leur contenu joüir & ufer lefdits Expofans, & leurs fucceffeurs en ladite Communauté, pleinement & paifiblement, ceffant & faifant ceffer tous troubles & empêchemens au contraire. Car tel eft notre plaifir. En témoin de quoi Nous avons fait mettre notre Scel à cefdites Préfentes. DONNE' à Verfailles le douziéme jour de Mars, l'an de grace mil fept cent deux, & de notre Regne le cinquante-neuf.

---

# SENTENCE DE POLICE,

Du 24 Octobre 1698. confirmée par Arrêt du 9 Avril 1699.

*Qui ordonne que chacun Juré payera 75 livres lors de fon Election à la décharge des dettes de la Communauté, & fait défenfes aufdits Jurez de recevoir fans apprentiffage ni chefd'œuvres les enfans né avant la Maîtrife de leur Pere.*

A Tous ceux qui ces préfentes Lettres verront : Charles-Denis du Bullion, Chevalier, Marquis de Gallardon, Seigneur de Bonnelles, & autres lieux, Confeiller du Roy en fes Confeils, Prevôt de Paris ; SALUT, fçavoir faifons : Que fur la requête faite en Jugement devant Nous en la Chambre de Police du Châtelet de Paris, par Maître Pierre Pauvert Procureur de Louis Lemoine, Jacques Lejeune, Pierre Lanclan, Pierre Senéchal & François Salomon, Maîtres Diftillateurs, Marchands d'Eau de vie, & autres Liqueurs de cette Ville : Demandeurs en exécution de nos Sentences contradictoires des 9 & 26 Septembre dernier, portant que les Jurez de ladite Communauté feroient tenus de juftifier avoir payez le prix de la finance des Jurez perpetuels réunis à ladite Communauté, & de celles des rembourfemens faits aux Particuliers qui ont prêté des deniers pour acquitter ladite finance ; & que le nommé Doudart qui a époufé la fille aînée du nommé Profit a eu qualité pour être reçu

Maître, & qu'icelui feroit mis & rendu en caufe à la diligence defdits Jurez. Et encore Demandeurs en execution d'une autre Sentence du 17 de ce mois , portant qu'iceux Jurez feroient tenus de faire Affemblée aux fins d'annuller la Déliberation qu'ils ont faite au mois de Janvier dernier , pour être difpenfez de payer 75 livres chacun en entrant en Jurande , jufqu'à ce que la finance defdites Charges de Jurez perpetuels foient ac- quitées , ainfi que ceux qui ont prêté les deniers pour en faire le payement                du douze Juillet mil fix cent quatre-vingt-onze , & jufqu'à ce demeureront interdits , affiftez de Maître Pillon leur Avocat , contre Maître Jean-Martin Hel- ler Procureur des Jurez en Charge de la Communauté des Maî- tres Diftillateurs , défendeur , affiftez de Maître Barbier leur Avo- cat , & demandeurs par Exploit du 11. de ce mois , fait par contrôllé à Paris par                         le dudit mois ; affiftez que deffus , contre Maître Procureur de Jean Doudart , qui a époufé la fille aînée de dé- funt Profit , né avant la Maîtrife de fon pere ; néanmoins ledit Doudart auroit été reçu Maître comme ayant époufé fille de Diftillateur , défendeur affifté de Maître Porchon fon Avocat : Parties oüies : lecture faite de leurs pieces. Nous avons donné Lettres aux Parties de Barbier de ce qu'elles ont revoqué leur déliberation , par laquelle ils affranchiffoient les Jurez des 75. livres portées par l'Arreft & Déclaration du Roy : Ordonnons que les Arrefts du Confeil feront executez , & que lefdits Jurez payeront lefdits 75 livres , fuivant qu'il eft porté par lefdits Ar- refts ; en confequence avons levé l'interdiction prononcée con- tre les Jurez qui feront leur fonction à la maniere ordinaire : Avons condamné les Jurez aux dépens , que Nous avons liqui- dez à vingt livres , qu'ils pourront employer dans leur compte de dépenfe ; ayant égard à la Requefte de la Partie de Porchon , l'avons maintenue & gardée dans fa Maîtrife , en payant dans trois mois la fomme de cent livres au profit de la Communau- té. Faifons défenfes aux Jurez de ladite Communauté de rece- voir fans apprentiffage ni chef-d'œuvre les enfans nez avant la Maîtrife de leur pere , le tout conformément à l'Arreft du Con- feil , & à peine de tous dépens , dommages & interêts , même de deftitution de leur Jurande. Ce qui fera executé nonobftant oppofitions ou appellations quelconques , & fans préjudice d'i- celles : En témoin de ce Nous avons fait fceller ces Préfentes , qui furent faites & données par Meffire Marc-René de Voyer de Paulmy d'Argenfon , Chevalier , Confeiller du Roy en fes confeils , Lieutenant Général de Police , tenant le Siége , le Vendredi vingt-quatre Octobre *1696.* Collationné , & fcellé.

*Signé ,* T A R D I V E A U.

## EXTRAIT DES REGISTRES DU PARLEMENT.

ENtre les Jurez & Gardes en charge de la Communauté des Maîtres Diftillateurs , & Marchands d'Eau de vie , & de toutes autres Liqueurs , appellans d'une Sentence rendue par le Lieutenant Général de Police au Châtelet , le vingt-quatre Octobre dernier , d'une part , & 'Louis Lemoyne , Jacques Le-jeune, Pierre Lanclan , Pierre Sénéchal & François Salomon , Maîtres Diftillateurs & Marchands d'Eau de vie , & de toutes autres Liqueurs de cette Ville de Paris , Intimez d'aûtres. Après que Ciron Avocat des Appellans , & Babel Avocat des Intimez on dit , qu'en communiquant au Parquet des Gens du Roy , ils font par leur avis demeurez d'accord de l'appointement , figné d'eux , & paraphé de Jolly de Fleury pour le Procureur Général du Roy: LA COUR ordonne que l'appointement fera reçû , & fuivant icelui a mis & met l'appellation au néant : Ordonne que ce dont a été appellé fortira effet : Condamne la Partie de Ciron en l'amende de 12 livres , & aux dépens de la caufe d'appel. FAIT en Parlement le neuf Avril mil fix cent quatre-vingt-dix-neuf. Collationné. *Signé ,* B E T H E L O T.

## AUTRE SENTENCE DE POLICE,
Du 2 Juin *1699.* confirmée par Arrêt du 15 Juillet fuivant.

*Qui fait défenfe à tous Compagnons fortant de chez un Maî-tre , de s'établir dans la même ruë que dans la diftance de vingt maifons ou dans une ruë differente , comme auffi d'avoir les mêmes étalages.*

A TOUS ceux qui ces préfentes Lettres verront : Charles-Denis de Bullion , Chevalier Marquis de Gallardon , Sei-gneur de Bonnelles , Bullion & autres lieux , Confeiller du Roy en fes Confeils, Prevôt de Paris; SALUT fçavoir faifons. Que fur la requête faite en Jugement devant Nous en la Chambre de Police du Châtelet de Paris, par Me. Gilles Savin, Procureur de Touffaint Fouhet, Marchand, Maître Diftillateur à Paris, demandeur aux fins des plaintes qu'il a rendues au Commiffaire Regnault le 23 May dernier, & requête par lui à Nous préfentée le 26. Exploit fait par Rouffeau Sergent à Verge, le 27 defdits mois & an, contrôllé à Paris le même jour par Gueriboult, fur lequel il s'eft préfenté au Greffe, tendante à ce que défenfes foient faites au défendeur cy-après nommé de s'établir en la boutique qu'il a loué, attenant celle du demandeur, même de continuer l'établiffement & ouverture de ladite boutique, avec dépens, dommages & intérêts, fauf à lui à fe retirer dans un autre quartier. Et encore demandeur fuivant fes réponfes fignifiées le 30 dudit mois de May dernier par Barangue, Huiffier-Audiancier en cette Cour, tendante à ce que défenfes foient faites audit défendeur de s'établir ny faire aucune fonction en qualité de Maître ou de ferviteur chez aucun Maître dudit Métier, dans la même ruë & voifinage dudit demandeur fous quelque prétexte que ce foit, affifté de Me. Barbier fon Avocat, contre Me. Varnier le jeune, Procureur de Martin Dupuis, Maître Limonadier Diftillateur, Marchand d'Eau de vie & de toutes Liqueurs à Paris, défendeur, affifté de Me. Foreftier fon Avocat, Parties oüies, enfemble le Commiffaire Regnault en fon rapport. Lecture faite de l'Exploit d'oppofition formée par ledit Fouhet à la Maîtrife dudit Dupuis, fignifiée aux Jurez de ladite Communauté le 18 May, defdites plaintes, requête, exploit & moyens fufdattez & des Statuts & Réglemens de ladite Communauté. Nous fans que les qualitez puiffent nuire ni préjudicier aux Parties, attendu l'oppofition formée par la Partie de Barbier, & par lui réiterée préfentement à la reception de la Partie de Foreftier, pour être Maître Diftillateur; ordonnons que les Jurez Diftillateurs feront mis en caufe pour en venir au premier jour; cependant faifons défenfes à tous Maîtres qui ont fervi les autres Maîtres en qualité de Compagnons, de s'établir en la même ruë que dans la diftance de vingt maifons, ou dans une ruë differente: comme auffi d'avoir les mêmes plafonds, étalages & ornemens de boutique, en forte que la leur ne puiffe être prife pour celle de leur Maître. Et après avoir oüi le Commiffaire Regnault qui Nous a rapporté que la Partie de Foreſtier tient ſa boutique à cinq maiſons ſeulement de celle de la Partie de Barbier, lui avons enjoint d'en ſortir inceſſamment, & de ſe mettre à la diſtance ſuſdite de celle de la Partie de Barbier ; condamnons la Partie de Foreſtier en la moitié des dépens l'autre moitié réſervée ; Et ſera la préſente Sentence regiſtrée dans le Regiſtre de la Communauté des Maîtres Diſtillateurs, afin qu'aucuns n'en ignorent, ce qui ſera executé nonobſtant oppoſitions ou appellations quelconques, & ſans préjudice d'icelles : En témoins de ce Nous avons fait ſceller ces préſentes quil furent faites & données par Meſſire Marc-René de Voyer de Paulmy Dargenſon, Chevalier Conſeiller du Roy en ſes Conſeils, Lieutenant Général de Police, tenant le Siege le Mardy deuxiéme Juin mil ſix cent quatre-vingt-dix-neuf.

Signé, TARDIVEAU.

## ARREST DU PARLEMENT
### Confirmatif de ladite Sentence du 15 Juillet 1699.

#### EXTRAIT DES REGISTRES DE PARLEMENT.

ENTRE Martin Dupuis, Maître Limonadier - Diſtillateur, Marchand d'Eau de vie, appellant de la Sentence du Lieutenant Général de Police, du deux Juin 1699. & de ce qui s'en eſt enſuivi d'une part, & Touſſaint Fouhet, Marchand Maître Diſtillateur à Paris, Intimé d'autre, ſans que les qualitez puiſſent nuire ni préjudicier aux parties en façon quelconque. Après que Gillet Avocat de Martin Dupuis Limonadier, & Tribolet Avocat de Fouhet auſſi Limonadier, ont été oüis enſemble, Jolly de Fleury pour le Procureur Général du Roy : LA COUR a mis & met l'Appellation au néant, Ordonne que ce dont a été appellé ſortira effet ; condamne la partie de Gillet en l'amende & aux dépens : Et néanmoins de grace ſurçoira l'execution du préſent Arrêt juſqu'au jour de Saint Remy prochain. FAIT en Parlement, le quinze Juillet mil ſix cens quatre-vingt-dix-neuf. Collationné. Signé, LE MERCIER.

AUTRE

# AUTRE SENTENCE DE POLICE
## du 21 Janvier 1701.

*Qui fait contradictoirement main-levée à Joseph Protin, Maî-
tre Diſtillateur , de la ſaiſie faite ſur Charles Pageart &
ſa femme ; en affirmant par lui que les choſes ſaiſies lui appartiennent , qu'il ne leur prête pas ſon nom , & que c'eſt
lui qui tient Boutique.*

*Et fait défenſes audit Protin de plus ſe ſervir deſdits Pageart
& ſa femme ; & lui enjoint de les mettre hors de ſa maiſon , & de ſe ſervir dorénavant de Compagnons , qu'ils
n'ayent été agréés des Jurez de la Communauté des Maîtres Diſtillateurs.*

A TOUS ceux qui ces préſentes Lettres verront : Charles-
Denis de Bullion , Marquis de Gallardon , Conſeiller du
Roi en ſes Conſeils, Garde de la Prévôté de Paris : Salut , Sçavoir, faiſons : Que ſur la Requête faite en Jugement devant nous
en la Chambre de Police du Châtelet de Paris par Me. Martin
Heller, Procureur des Jurez-Gardes de la Communauté des Maîtres Diſtillateurs, Marchands d'Eau-de-vie & de toutes ſortes de
Liqueurs à Paris , Demandeurs en confirmation de l'avis rendu
à leur profit le quatre du preſent mois par le Procureur du Roi;
par lequel ſans avoir égard à l'intervention de Joſeph Protin, attendu que Charles Pageart & ſa femme avoient été trouvés dans
la Boutique, & dans le Comptoir , faiſant acte de Maître, la
ſaiſie a été déclarée valable ; ordonne que les choſes ſaiſies ſeroient vendues dans le Bureau de la Communauté ; les deniers
en provenans rendus audit Pageart & ſa femme, ſur iceux pris
ſix livres d'amende, douze livres de dommages, intérêts & les
dépens, ſuivant leur Requête verbale, ſignifiée le ſept dudit mois
de Janvier, aſſiſté de Me. Barbier leur Avocat, contre Me. Jean
Coiffart Procureur deſdits Charles Pageart & Marthe Delamarre
ſa femme, Défendeurs à ladite ſaiſie, & encore Procureur du-

I

dit Joseph Protin intervenant , & prenant leur fait & caufe, Défendeur, affifté de Me. Porchon leur Avocat, Parties oüies, lecture faite de leurs Pieces. Nous avons fait main-levée à Protin
de la faifie, en affirmant par lui que les chofes faifies lui appartiennent , & qu'il ne prête point fon nom aufdits Pageart & fa
femme , & que c'eft lui qui tient ladite Boutique , & Lettre de
l'affirmation par lui faite ; & lui avons fait défenfes de plus fe fervir defdits Pageart & fa femme ; enjoint de les mettre hors de fa
maifon , & de fe pouvoir fervir dorénavant d'aucuns Compagnons , qu'ils n'ayent été agréés des Jurez de la Communauté ;
dépens entre les Parties compenfés , defquels lefdits Jurez feront rembourfés par leur Communauté ; ce qui fera exécuté fans
préjudice de l'appel : en Témoin de ce , Nous avons fait fceller
les préfentes , qui furent faites & données par Meffire Marc-
René de Voyer de Paulmy d'Argenfon , Chevalier , Confeiller
du Roi, Lieutenant Général de Police, tenant le Siége le Vendredi vingt-un Janvier mil fept cens un. Collationné.

Signé , TARDIVEAU.

## AUTRE SENTENCE DE POLICE,
### du premier Février 1701.

*Qui fait contradictoirement main - levée à Pierre Rouffel ,*
*Maître Diftillateur , de la Saifie faite fur Pierre de Milly*
*& fa Femme , en affirmant par lui que les chofes faifies ne*
*leur appartenoient pas.*

*Et ordonne que ledit Rouffel ne pourra fe fervir defdits de*
*Milly & fa Femme , qu'il fera tenu de mettre hors de*
*fa Maifon.*

A TOUS ceux qui ces Préfentes Lettres verront : Charles-
Denis de Bullion, Chevalier, Marquis de Gallardon, Seigneur de Bonnelles & autres Lieux , Confeiller du Roi en fes
Confeils, Garde de la Prévôté de Paris : Salut, Sçavoir , faifons
que fur la Requête faite en Jugement devant Nous en la Chambre de Police du Châtelet de Paris , par Me. Jean-Martin Hel-

Ier, Procureur des Jurez Gardes de la Communauté des Maîtres Diftillateurs, Marchands d'Eau-de-vie à Paris, Demandeurs aux fins de leur Exploit fait par Duval Huiffier, le dix-huit Décembre dernier, contrôlé à Paris par Brodart le vingt dudit mois, tendant à ce que la faifie faite fur Pierre de Milly & Madelaine Mauginot fa femme, fut déclarée valable, que les marchandifes & chofes faifies fuffent confifquées à leur profit, avec défenfes de plus entreprendre fur leur métier, vendre de l'Eau-de-vie & d'autres Liqueurs, & pour la contravention, condamne en cent livres d'amende & aux dépens contre Me. Michel Jubart, Procureur de Pierre de Milly & fa femme, & encore de Pierre Rouffel, Maître Diftillateur à Paris, intervenant & prenant le fait & caufe defdits Rouffel & fa femme, Demandeurs, affiftez de Me. Pillon leur Avocat, Parties ouyes, lecture faite de leurs Piéces, enfemble du Procès-verbal fait par le Commiffaire le Maiftre en la maifon defdits de Milly & fa femme. Nous avons fait main-levée à Rouffel, Partie de Pillon, de la faifie fur elle faite, en affirmant que les chofes faifies lui appartiennent & non à de Milly ni à fa femme; Lettres de l'affirmation & Lettres à Pillon de ce qu'il prend le fait & caufe defdits de Milly & fa femme, dépens compenfez entre les Parties, lefquelles Parties d'Heller pourront néanmoins répeter les frais de la préfente Inftance dans leur compte de dépenfe, & ne pourra ledit Rouffel fe fervir à l'avenir defdits de Milly & fa femme, qu'il fera tenu de mettre hors de fa maifon, ce qui fera executé, nonobftant oppofitions ou appellations quelconques & fans préjudice d'icelles. En témoin de ce, Nous avons fait fceller ces préfentes, qui furent faites & données audit Châtelet de Paris, par Meffire Marc-René de Voyer de Paulmy d'Argenfon, Chevalier, Confeiller du Roi en fes Confeils, Maître des Requêtes ordinaire de fon Hôtel, Lieutenant Général de Police de la Ville, Prévôté & Vicomté de Paris tenant le Siége, le Mardi premier Février mil fept cens-un. Collationné. *Signé*, TARDIVEAU.

# AUTRE SENTENCE DE POLICE,
## du douze Avril 1701.

*QUI ordonne l'exécution de celle du premier Février mil
sept cens un, & pour n'avoir pas par le sieur Roussel mis
lesdits de Milly & sa Femme hors de ses service & maison,
& lesdits de Milly & sa Femme pour n'en être pas sortis,
les a condamnez en cent livres de dommages, interêts envers la Communauté, & aux dépens.*

A TOUS ceux qui ces présentes Lettres verront : Charles-
Denis de Bullion, Marquis de Gallardon, Conseiller du
Roi en ses Conseils, Garde de la Prévôté de Paris. Salut, sçavoir, faisons : Que sur la Requête faite en Jugement devant Nous
en la Chambre de Police du Châtelet de Paris, par Me. Jean-
Martin Heller, Procureur des Jurez Gardes de la Communauté
des Maîtres Distillateurs, Marchands d'Eau-de-vie, & de toutes
sortes de Liqueurs à Paris, Demandeurs en exécution de notre
Sentence Contradictoire du premier Février dernier, par laquelle
a été fait main-levée à Pierre Roussel, Maître Distillateur, de la
saisie faite à leur Requête sur Pierre de Milly & Madelaine Mauginot sa femme, des marchandises y mentionnées, en affirmant
que les choses saisies lui appartenoient, & qu'il ne prêtoit pas son
nom auxdits de Milly & sa femme, & lui a fait défenses de plus
se servir desdits de Milly & sa femme, & enjoint de les mettre
hors de son service & de sa maison, & aux fins de leur Requête
verbale signifiée le neuf Mars dernier, tendante à ce qu'attendu
qu'il paroissoit par le Procès-verbal fait par le Commissaire Gazon le douze Février dernier, que lesdits de Milly & sa femme étoient encore en la maison de Roussel, que s'étoient eux
qui faisoient le métier de Distillateur pour leur compte, qu'ils
seroient condamnés aux dommages & interêts de ladite Communauté ; & à l'égard dudit Roussel, que pour n'avoir pas mis
hors lesdits de Milly & sa femme, qu'il demeureroit déchû de
sa Maîtrise avec dépens contre Me. Michel Jubart, Procureur
desdits Pierre de Milly & Madelaine Mauginot sa femme, &

dudit Pierre Rouſſel, Maître Diſtillateur, Défendeur, & par vertu du défaut de nous donné, contre ledit Me. Jubart non-comparant, dûement appellé, lecture faite de notre Sentence ſuſdattée, Procès-verbal du Commiſſaire Gazon, Requête verbale ſuſdattée, Procès-verbal ſuſdatté, & autres Piéces. Nous diſons que notre Sentence contradictoire ſuſdattée ſera executée ſelon ſa forme & teneur, & ſuivant icelle, que ledit Rouſſel ſera tenu mettre hors de ſon ſervice & de ſa maiſon leſdits de Milly & ſa femme, & pour ne l'avoir pas fait & n'être par leſdits de Milly & ſa femme ſortis de ladite maiſon; dès-à-preſent les condamnons en cent livres de dommages & interêts envers ladite Communauté, & aux dépens, à taxer ce qui ſera exécuté ſans préjudice de l'appel & ſoit ſignifié: En témoin de ce, nous avons fait ſceller ces Préſentes, qui furent faites & données par Meſſire Marc-René de Voyer de Paulmy d'Argenſon, Chevalier, Conſeiller du Roi, Lieutenant Général de Police, tenant le Siége le Mardi douze Avril mil ſept cens un. Collationné. *Signé*, TARDIVEAU.

## ARREST DU CONSEIL D'ESTAT DU ROY,
### du 14 Juillet 1704.

*Rendu entre les Jurez Gardes Diſtillateurs, Maîtres Limo-nadiers, d'une part.*

*Et Eſtienne Tiercelin, Maître Diſtillateur de toutes ſortes d'Eau-Forte, Eſprit, Sel, Eſſence, & autres choſes concernant ledit Art.*

*Et Monſieur le Procureur Général de la Cour des Monnoyes, auſſi d'autre part, par lequel a été ordonné ce qui ſuit.*

LE ROY EN SON CONSEIL, Faiſant droit ſur le tout, a renvoyé & renvoye leſdits Limonadiers & Diſtillateurs, & ledit Tiercelin au Châtelet de Paris, pour y proceder ſuivant les derniers erremens ſur leurs Procez & differens, circonſtances & dépendances, comme auparavant les Arrêts de la Cour des Monnoyes des 9 & 12 Janvier, 10 & 23 Février 1699. a Sa Majeſté caſſé les Decrets d'Aſſigné pour être oüi, & d'ajourne-

ment perfonnel decerné par ladite Cour des Monnoyes contre
ledit Gaudin & conforts, & tout ce qui s'en eft enfuivi. Et néanmoins ordonne Sa Majefté l'exécution de l'Edit du mois de Juillet 1682. en ce qu'il fait défenfes aufdits Diftillateurs de faire autre diftillation que celle de l'Eau-de-vie, fauf à être choifi entr'eux le nombre neceffaire pour la diftillation & confe&ion des
Eaux-Fortes, lefquels ne pourront y travailler qu'en vertu de permiffion de Sa Majefté, à peine de punition exemplaire. Condamne Sa Majefté ledit Tiercelin aux dépens envers les Limonadiers & Diftillateurs, tous autres dépens compenfez. FAIT au
Confeil d'Etat Privé du Roi, tenu à Verfailles le quatorze Juillet
mil fept cens quatre. Collationné. *Signé*, DESVIEUX, avec
Paraphe.

*Le premier Août 1704. fignifié & laiffé Copie à Maîtres Henry &*
*Bazin Avocats des Parties adverfes en leurs domiciles à Paris, par-*
*lant à leurs Clercs, par nous Huiffier ordinaire de Sa Majefté en tous*
*fes Confeils d'Etat & privé, fouffigné.* Signé, MALLE'.

Me. DESMARETS, Avocat.

# EDIT DU ROY,

*PORTANT Supreffion des Communautez de Limona-*
*diers, Marchands d'Eau-de-Vie, & autres Liqueurs,*
*établis tant à la Ville de Paris, que dans les autres Villes*
*du Royaume. Et Création de cent cinquante Priviléges*
*Héreditaires de Marchands Limonadiers-Vendeurs d'Eau-*
*de-Vie, Efprit de Vin, & Liqueurs à Paris, Et dans les*
*autres Villes du Royaume, tel nombre qu'il fera jugé à pro-*
*pos.*

Donné à Verfailles au mois de Décembre 1704.

*Regiftré en Parlement le neuf Janvier 1705.*

LOUIS, par la grace de Dieu, Roi de France & de Navarre, Dauphin de Viennois, Comte de Valentinois, &
Dyois, Provence, Forcalquier, & Terres Adjacentes : A tous

préfens & à venir: SALUT. Nous avons par nôtre Edit du mois de Mars 1673. permis l'Etabliffement de la Communauté des Limonadiers, ainfi que de tous les autres Arts & Métiers ; mais Nous avons été informez que cette Communauté eft devenue fi nombreufe, fur tout dans nôtre bonne Ville de Paris, par la facilité que ceux qui embraffent cette Profeffion, trouvent à s'en inftruire, & par le grand ufage qui s'eft introduit du Caffé, Thé, Chocolat ; qu'elle fe trouve préfentement fort à charge à nôtre Ferme générale des Aydes ; A quoi défirant remedier, & fixer à l'avenir le nombre de ceux qui pourront exercer cette Profeffion dans toutes les Villes de nôtre Royaume. A ces caufes, & autres à ce Nous mouvans, de nôtre certaine fcience, pleine puiffance, & autorité Royale, Nous avons par nôtre préfent Edit, fuprimé & fuprimons les Communautez des Limonadiers, Marchands d'Eau-de-vie, & autres Liqueurs, établis tant dans nôtre bonne Ville de Paris, que dans les autres Villes de nôtre Royaume. Ordonnons que dans le premier Avril prochain, les Marchands Limonadiers à préfent établis, feront tenus de fermer leurs Boutiques ; & leur faifons défenfes, paffé ledit jour, de vendre de l'Eau-de-vie, Efprit de vin, & autres Liqueurs, à peine contre les Contrevenants de mille livres d'amende, confifcation des marchandifes, & Uftenciles fervans à leur Profeffion. Voulons que les Jurez, Syndics defdites Communautez remettent entre les mains du Controlleur Général de nos Finances, les Quittances de Finances que lefdits Limonadiers Nous ont payées jufqu'à préfent, pour être par Nous pourvû à leur rembourfement. Et du même pouvoir & autorité que deffus, Nous avons créé & érigé cent cinquante Priviléges Hereditaires de Marchands Limonadiers, Vendeurs d'Eau-de-vie, Efprit de vin, & autres Liqueurs, pour en exercer la Profeffion dans nôtre bonne Ville & Fauxbourgs de Paris, & dans les autres Villes principales de nôtre Royaume, le nombre qui fera jugé neceffaire, fuivant les Rôles qui en feront arrêtez en nôtre Confeil. Voulons que les cent cinquante Limonadiers faffent un feul & même Corps de Communauté ; & qu'à cet effet, il leur foit expedié en nôtre Chancellerie des Statuts conformes aux Réglemens qui ont été faits concernant l'exercice de cette Profeffion. Voulons que les Acquereurs defdits Priviléges les puiffent exercer en conféquence des Quittances de Finance qui leur feront fournies & délivrées par le Tréforier de nos Revenus Cafuels, en payant les sommes aufquelles Nous en aurons fixé la Finance par les Rôles que Nous en ferons arrêter en nôtre Conseil, & les deux sols pour livre fur la Quittance de celui qui fera chargé d'en faire le Recouvrement , fans qu'ils foient tenus de prendre aucunes Provifions de Nous, en prêtant Serment au Lieutenant Général de Police, & faifant enregiftrer en fon Greffe leurs Quittances de Finance feulement. Voulons que ceux qui auront acquis de Nous lefdits Priviléges , les puiffent réfigner quand bon leur femblera en faveur des perfonnes experimentées dans cette Profeffion, lefquelles exerceront fur la fimple Démiffion ou Contrat de Vente du Réfignant, après avoir prêté Serment comme ci-deffus. Permettons à leurs Veuves d'en continuer la Profeffion leur vie durant, en juftifiant que le Privilége leur appartient , & faifant par elles leur déclaration au Greffe de Police feulement. Voulons que ceux qui auront acquis lefdits Priviléges, ou ceux qui feront en leurs Droits, puiffent feuls, à l'exclufion de toutes fortes de perfonnes , & Communautez, vendre & diftribuer par détail dans leurs Boutiques, Foires & Marchez, ou porter dans les maifons de ceux qui demanderont du Thé, Caffé, Chocolat, Limonades, Sorbec, & autres Liqueurs compofées avec l'Eau naturelle, Sucre, Fleurs & Fruits glacez, rafraîchis ou autrement. Faifons très-expreffes défenfes à toutes fortes de perfonnes, Marchands, & autres de vendre, & donner à boire dans leurs Boutiques, & autres lieux de leurs maifons , ni de porter ailleurs aucunes des Liqueurs ci-deffus , à peine de confifcation , & de cinq cens livres d'amende , applicable moitié à l'Hôpital Général , l'autre moitié aux Marchands Limonadiers. Comme auffi faifons pareilles défenfes à tous ceux qui logent dans les Palais, Hôtels, le Temple , Colleges , Abbayes, Communautez & autres Enclos de nôtredite Ville de Paris, de vendre, & donner à boire defdites Liqueurs , fous les mêmes peines. Voulons qu'ils puiffent vendre en gros & en détail des Vins d'Efpagne, Canaries, d'Alicant , Saint-Laurent, Laciourat, Frontignac, & généralement toutes fortes de Vins de Liqueurs, tant François , qu'Etrangers, fans exclufion, néanmoins de ceux qui font en poffeffion d'en débiter. Auront pareillement la faculté de vendre & donner à boire de l'Eau-de-vie, de l'Efprit de vin, enfemble les Liqueurs qui en font compofées, Fenouillette, Vatté, Eau-de-Cete, de Mille-Fleurs, de Geniévre, Orange, Ratafia de Fruits, & de

Noyau,

Noyau, Eau Cordialle , '& de toutes fortes d'Eaux compofées avec Eau-de-vie, & Efprit-de-vin, Hipocras, d'Eau & de Vin, concurremment avec ceux qui font en droit d'en vendre , & donner à boire. Pourront auffi les Proprietaires defdits Priviléges, vendre en gros & en détail du Chocolat en pain , Tourteau & en Dragées, du Thé en feuilles, du Caffé en grain , Cacao , Vanille , faire & compofer le Chocolat , fi bon leur femble , fans exclufion de ceux qui font en poffeffion d'en vendre en gros & en détail. Permettons en attendant la vente defdits Priviléges à celui que Nous chargerons du Recouvrement de la Finance qui en proviendra, d'établir toutes perfonnes & en tels lieux que bon lui femblera pour les exercer. Voulons que ceux qui prêteront leurs deniers pour l'acquifition defdits Priviléges, ayent un Privilége & préference à tous autres Créanciers fur le prix d'iceux ; auquel effet mention en fera faite dans leurs Quittances de Finance par les Tréforiers de nos Revenus Cafuels. Si donnons en Mandement à nos amez & feaux Confeillers les Gens tenant nôtre Cour de Parlement, & Cour des Aydes à Paris , que nôtre préfent Edit ils ayent à faire lire, publier & enregiftrer , & le contenu en icelui garder & obferver felon fa forme & teneur , fans y contrevenir , ni permettre qu'il y foit contrevenu en quelque forte & maniere que ce foit, nonobftant tous Edits , Déclarations , & autres chofes à ce contraires , aufquelles Nous avons dérogé & dérogeons par le préfent Edit ; aux Copies duquel collationnées par l'un de nos amez & feaux Confeillers-Secretaires , Voulons que foi foit ajoutée comme à l'Original : Car tel eft notre plaifir ; Et afin que ce foit chofe ferme & ftable à toujours , Nous avons fait mettre notre Scel. Donné à Verfailles au mois de Décembre , l'an de grace mil fept cent quatre, & de nôtre Regne le foixante-deuxiéme. *Signé*, L O U I S. *Et plus bas* , Par le R o i, PHELYPEAUX, *Vifa*, PHELYPEAUX, Et fcelé du grand Sceau de cire verte, en lacs de foye rouge & verte.

*Regiftrées , oüi & ce requerant le Procureur Général du Roi, pour être exécutées felon leur forme & teneur , fuivant l'Arrêt de ce jour. A Paris en Parlement , le neuviéme Janvier mil fept cent cinq.*
Signé , DONGOIS.

K

74

# EDIT DU ROY,

*Qui révoque l'Edit du mois de Décembre 1704. portant sup-
pression de la Communauté des Limonadiers à Paris, &
Création de cent cinquante Privileges héréditaires des
Marchands Limonadiers, dans la Ville, portées par
icelui.*

*Et ordonne que ladite Communauté des Limonadiers-Mar-
chands d'Eau de vie, établie en ladite Ville, demeurera en
l'état qu'elle est; avec faculté de vendre & débiter, à
l'exclusion de tous autres, toutes sortes de Liqueurs &
de donner de l'Eau de vie à boire dans leurs boutiques.*

*Fait défenses aux Apotiquaires, Vinaigriers, Epiciers &
autres de vendre & débiter lesdites Liqueurs & de donner
de l'Eau de vie à boire dans leurs boutiques.*

Donné à Versailles au mois de Juillet 1705.

LOUIS par la grace de Dieu Roy de France & de Navarre:
A tous présens & à venir, SALUT. Nous avons par Edit du
mois de Décembre 1704. suprimé & éteint la Communauté des
Limonadiers-Distillateurs, Marchands d'Eau de vie de notre
bonne Ville de Paris, à la charge qu'il seroit pourvû au remboursement de la Finance qui nous a été payé par ladite Communauté, suivant les Quittances de Finance qui seront remises entre les mains du Contrôleur Général de nos Finances, au lieu &
place de ladite Communauté, Nous avons créé & érigé cent-
cinquante Privileges héridiraires de Marchands-Limonadiers-
Distillateurs, vendeurs d'Eau de vie. Mais les Limonadiers de
ladite Ville, Nous ayant supplié de rétablir leur Communauté
en l'état qu'elle étoit avant ledit Edit, aux condition sfuivantes
& aux offres qu'ils font de Nous payer la somme de deux cent
mil livres & les deux sols pour livre, en neuf payemens égaux,

de trois en trois mois, dont le premier payement écherra deux mois après l'enregistrement de notre préfent Edit, pour ladite fomme de deux cent mil livres & les deux fols pour livre, tenir lieu d'augmentation de Finance, avec celle de cent un mil livres qu'ils ont ci-devant payé; fçavoir, vingt-fept mil livres par Quittance de Finance du 9 Août 1683. vingt-quatre mil livres pour les Charges de Jurez perpetuels; en execution de l'Edit du mois de Mars 1691. vingt-cinq mil livres payés pour les Offices d'Auditeurs des Comptes, en execution de l'Édit du mois de Mars 1694. & vingt-cinq mil livres pour l'Office de Tréforier de leur Communauté, créé par Edit du mois de Janvier 1703. A CES CAUSES, & autres à ce nous mouvans, voulons traiter favorablement lefdits Maîtres Diftillateurs Marchands d'Eau de vie, & leur donner lieu de fubfifter avec leurs familles ; de notre certaine fcience pleine puiffance & autorité Royale, Nous avons par notre préfent Edit, perpetuel & irrévocable, révoqué & à l'égard de notre bonne Ville de Paris notre Edit du mois de Décembre 1704. & ordonnons que la Communauté des Limonadiers Marchands d'Eau de vie, fera & demeurera en l'état qu'elle eft ; & en confequence que les Statuts des Diftillateurs du 13 Octobre 1634. l'Arrêt de notre Confeil, portant réunion des deux Communautez de Diftillateurs & Limonadiers du 15 May 1696. Enfemble les Statuts des Limonadiers, confirmé par nos lettres Patentes du 28 Janvier 1676. feront executez felon leur forme & teneur ; & en conféquence que lefdits Maîtres Limonadiers-Diftillateurs, Marchands d'Eau de vie, auront, à l'exclufion de tous autres, la faculté de vendre toutes Liqueurs compofées d'Eau de vie, d'Efprit de vin Françoifes & Étrangeres & fruits confits auffi à l'Eau de vie ; comme auffi de vendre feuls le Caffé brûlé en poudre & en boiffon, de fabriquer & vendre le Chocolat en tablettes & rouleau & de donner feuls de l'Eau de vie à boire dans leurs boutiques, faifant défenfes aux Apotiquaires, Vinaigriers, Épiciers & tous autres ayant boutiques ; de vendre & débiter du Caffé brûlé, en poudre ou en boiffon, ni aucunes liqueurs & fruits confits avec de l'Eau de vie, même de fabriquer & vendre du Chocolat en tablettes & rouleau & de donner de l'Eau de vie à boire dans leurs boutiques, à peine de trois cent livres d'amende, moitié au profit de l'Hôpital général & l'autre moitié au profit de la Communauté des Limonadiers. Faifons auffi défenfes fous femblables

K ij

peines de trois cent livres, à tous particuliers, François ou Etrangers, de tenir boutiques pour le débit des choses ci-deffus, dans notre bonne Ville de Paris, Fauxbourg Saint Antoine & autres Fauxbourgs de ladite Ville, soit dans nos Palais ou dans les Hôtels & Maisons particulieres, au Temple ou dans les Colleges, Abbayes, Communautez & autres lieux prétendus Privilegiez, nonobftant tous Arrêts à ce contraires, aufquels Nous avons dérogé par le préfent Edit. Permettons aux Jurez & Gardes de ladite Communauté de faire leurs visites dans tous lesdits lieux, en se faisant affifter d'un Commiffaire pour faifir les Marchandifes & en faire ordonner la confifcation au profit de ladite Communauté; comme auffi Nous avons par le préfent Edit révoqué & révoquons les Privileges qui pourroient avoir été par Nous accordez pour tenir boutiques de Limonadiers, fauf aux Particuliers à se faire recevoir Maîtres en ladite Communauté. Ordonnons que ceux defdits Maîtres ou Veuves qui ne pourront tenir boutique ouverte feront déchus de leurs Maîtrifes; à la charge par ladite Communauté de leur rembourfer la Finance qu'ils pourroient Nous avoir payée, au lieu & place defquels feront reçûs d'autres Maîtres. Comme auffi que les Maîtres qui ont quitté la profeffion de Limonadiers, ou qui se font abfentez avant le premier Avril dernier qu'ils ont dû ceffer leur Commerce, aux termes de notre Edit du mois de Décembre dernier, demeureront exclus de ladite Communauté, fi mieux ils n'aiment contribuer pour telle part & portion que les autres au payement de ladite Finance, ce qu'ils feront tenus de déclarer dans deux mois du jour de la publication du préfent Edit, paffé lequel tems, permettons pareillement aux Jurez-Gardes de ladite Communauté d'en recevoir d'autres en leur lieu & place. Pourront les Jurez & Gardes de ladite Communauté des Limonadiers porter la Robe & la Toque dans leurs visites, ainfi que les autres Marchands, fans que fi après lefdits Limonadiers puiffent être fujets à la vifite des Gardes Epiciers & des autres Communautez, dont Nous les avons difpenfez nonobftant tous Arrêts à ce contraires, aufquels Nous avons pareillement dérogé par le préfent Edit: le tout à la charge par lefdits Limonadiers de Nous payer fuivant leurs offres la fomme de deux cent mille livres, & les deux fols pour livre, en neuf payemens égaux de trois en trois mois, dont le premier commencera deux mois après l'enregiftrement du préfent Edit; laquelle fomme de deux cent mille livres, & celle de vingt mille livres pour les deux fols pour livre feront réparties entre lefdits Maîtres, fuivant l'état qui en fera arrêté par les Jurez-Gardes, lequel fera executé contre les y dénommez, après qu'il aura été avifé par le Lieutenant général de Police de ladite Ville. Voulons que lefdites fommes fervent aufdits Limonadiers d'augmentation de Finance, avec celle de cent-un mille livres qui Nous a été ci-devant payée par ladite Communauté. Leur permettons d'emprunter ladite fomme de deux cent mille livres, & les deux fols pour livre; & en confidération de ce que deffus Nous avons déchargez & déchargeons par le préfent Edit lefdits Limonadiers, Marchands d'Eau de vie du droit de Poids & Mefures; même de l'établiffement d'un Greffier pour ladite Communauté, en exécution de nos Edits des mois de Janvier & Août 1704. Comme auffi nous déchargeons lefdits Limonadiers de la révifion des comptes cidevant rendus en ladite Communauté; & comme au moyen de la Finance qui nous fera payée par ladite Communauté, elle fe trouvera chargée de plufieurs rentes; Nous ordonnons, pour leur donner moyen de les acquitter avec plus de facilité, qu'à l'avenir les fils des anciens qui font nez dans la maîtrife, dont les peres auront paffé par les Charges, payeront la fomme de trois cent livres pour être reçus Maîtres en ladite Communauté, & les filles la fomme de cinq cent livres, fi elles époufent un Etranger; fi au contraire les peres n'ont point paffé par les Charges, les fils payeront cinq cent livres & les filles fept cent livres. Et à l'égard des enfans qui ne font pas nez dans ladite Maîtrife, ils payeront comme les Etrangers: comme auffi que les Veuves des Maîtres qui fe marieront, payeront pour leur mary comme pour un Etranger. Ne pourront les apprentifs être à l'avenir reçus à l'apprentiffage, qu'en payant huit cent livres outre les frais accoûtumez, & trente livres pour le Brever d'apprentiffage. Pourront ceux qui ont paffé par les Charges être de nouveau élus Jurez & Gardes, auquel cas ils ne feront obligez que de payer les frais de la Commiffion. Seront les Maîtres de ladite Communauté tenus de payer 25 livres à la premiere ouverture de leurs boutiques. Voulons auffi que lorfque les Maîtres qui ont été abfens reviendront pour ouvrir leurs boutique, ils payent le droit de vifite & les arrerages du paffé des rentes qui feront conftituées pour le payement de ladite fomme de 200000 livres & les deux fols pour livre; comme auffi, que pour l'exécution du préfent Edit, enfemble des Statuts des Limonadiers, les parties fe pourvoyent pardevant le Lieutenant général de Police du Châtelet & par appel au Parlement de Paris, aufquels Nous attribuons toute Cour & Jurifdiction, & icelle interdiffons à nos autres Cours & Jurifdictions. Si DONNONS EN MANDEMENT. A nos amez & feaux Confeillers, les Gens tenant notre Cour de Parlement à Paris, que ce préfent Edit, ils ayent à faire lire, publier & regiftrer, & le contenu en icelui garder & obferver felon fa forme & teneur; nonobftant tous Edits, Déclarations, Arrêts & autres chofes à ce contraires, aufquels Nous avons dérogé & dérogéons par ce préfent Edit; aux copies duquel collationnées par l'un de nos amez & feaux Confeillers-Secretaires, Voulons que foy foit ajoutée comme à l'Original; CAR tel eft nôtre plaifir. Et afin que ce foit chofe ferme & ftable à toûjours, Nous y avons fait mettre notre fcel. DONNE' à Verfailles au mois de Juillet, l'an de grace mil fept cent cinq; & de notre Regne le foixante-troifiéme. Signé, LOUIS, Et plus bas, Par le Roy, PHELIPEAUX. Vifa PHELIPEAUX. Vû au Confeil, CHAMILLART. Et fcellé du grand Sceau de cire verte, en lacs de foye rouge & verte.

*Regiftrées, oüi & ce requerant le Procureur Général du Roy, pour être exécutées felon leur forme & teneur, fuivant l'Arrêt de ce jour. A Paris en Parlement, le 22 Juillet 1705. Signé, DONGOIS*

---

## ARREST DU CONSEIL D'ETAT DU ROY, du 8 Septembre 1705.

*Par lequel Sa Majefté a ordonné l'exécution de l'Edit du mois de Juillet 1705.*

LE Roy en fon Confeil, fans avoir égard aux Requêtes des Marchands Epiciers-Apotiquaires & des Vinaigriers de Paris, a ordonné & ordonne que ledit Edit du mois de Juillet dernier, donné en faveur des Marchands d'Eau de vie & Diftillateurs, enfemble le Rôle arrêté par les Jurez-Gardes de ladite Communauté, vifé par le Lieutenant général de Police le 19 Juillet auffi dernier, feront executés felon leur forme & teneur:

Ce faifant que chacun des Marchands d'Eau de vie fera contraint au payement de la fomme pour laquelle il eft compris dans ledit Rôle, dans les délais portés par icelui, comme pour les propres deniers & affaires de Sa Majefté, faute de quoi il fera tenu de fermer fa boutique, dont il ne pourra faire l'ouverture qu'après le payement de ladite fomme : Ordonne que lefdits Marchands d'Eau de vie feront tenus de payer les arrerages des rentes qui feront conftituées pour le payement defdites 220000 liv. qu'ils doivent payer à Sa Majefté, & en confequence dudit Edit fuivant le Rôle de répartition qui fera arrêté par les Jurez-Gardes, & enfuite vifé par le Lieutenant général de Police. Veut Sa Majefté que ceux qui ont paffé par les Charges foient tenus dans le délai de trois mois, à compter du jour que ledit Edit a été enregiftré, d'avancer chacun la fomme de 500 livres à peine d'être déchûs des droits & privileges d'Ancien, laquelle fomme fera néanmoins déduite fur celle pour laquelle chacun d'eux a été compris dans ledit Rôle de répartition, comme auffi que les enfans des Maîtres qui ont été reçûs fans payer aucun droit, feront tenus de fournir la fomme de 100 livres pour contribuer au payement de ladite fomme de 220000. livres fans répetition. Sa Majefté les déchargeant à cet effet des condamnations prononcées contre eux pour raifon de ce, en payant comptant ladite fomme de 100 livres. Ordonne Sa Majefté qu'outre les quatre Jurez-Gardes il fera fait une élection de quatre Anciens de ladite Communauté, pour faire enfemble la recette de ladite fomme de 220000 livres & la fournir & délivrer audit Lefcuyer, lefquels Jurez-Gardes & Anciens remettront fans délai les deniers de leur recette dans le coffre de la Communauté, qui fera fermé à quatre clefs, dont deux refteront entre les mains de deux des Jurez-Gardes, & les deux autres entre les mains de deux defdits quatre Anciens : feront tenus lefdits Gardes & Anciens de fournir tous les fix mois au Lieutenant général de Police un bref état des fommes qu'ils auront reçûes, en vertu dudit Rôle de répartition, & enfuite payées audit Jean Lefcuyer, même d'en compter pardevant lui trois mois après la fin de chaque année, par recette & dépenfe du montant & de l'emploi defdits deniers qu'ils ne pourront divertir à d'autre ufage, à peine d'en répondre en leur propre & privé nom. Ordonne que lefdits Jurez-Gardes & Anciens recevront pareillement les deniers néceffaires pour le payement de la

rente de ladite fomme de 220000 livres & qu'après que ledit
Lefcuyer aura été entierement payé de ladite fomme principale,
il fera fait tous les ans une élection de quatre Anciens, pour,
conjointement avec les Gardes en charge, vaquer à la recette
des deniers deftinés à l'acquit de ladite rente ; ne pourront les
fommes qui auront été payées par les Marchands d'Eau de vie,
pour fournir lefdites 220000 livres, ni celles qui leur feront
dûes pour les arrerages des rentes conftituées, pour raifon de
ce être faifies par aucuns créanciers particuliers defdits Marchands, ni même par les créanciers de la Communauté autres
que ceux qui auront prêté partie de ladite fomme de 220000
livres. Veut Sa Majefté que ceux defdits Marchands d'Eau de
vie qui auront renoncé à ladite Communauté ou opté une autre
profeffion, ne puiffent y entrer fans payer les droits, moyennant
quoi ils pourront exercer ledit commerce, en vertu de leurs
premieres Lettres, & que ceux defdits Marchands qui feront élûs
Jurez-Gardes, foient tenus de payer la fomme de foixante-quin-
ze livres avant qu'ils puiffent faire aucune fonction, comme auffi
que l'Ancien des Jurez-Gardes en charge foit continué encore
pour un an, fans être obligé de prendre une nouvelle commiffion : Permet Sa Majefté aux Marchands Epiciers-Apoticaires,
aux Vinaigriers & autres qui voudront donner à boire de l'Eau
de vie & Liqueurs dans leurs boutiques, de fe faire recevoir
Marchands d'Eau de vie dans trois mois, à compter du jour des
préfentes, en payant à la Communauté les droits convenables,
le montant defquels, après que les charges ordinaires & extraordinaires auront été acquittées, fera employé au payement defdites 220000 livres ou au remboursement des créanciers qui auront prêté partie de ladite fomme à peine par les Gardes & Anciens d'en répondre en leurs propres & privés noms : Ordonne pareillement Sa Majefté & fous les mêmes peines que fi après
le payement des rentes qui feront dûes, à caufe de ladite fomme
il reftoit quelques deniers de l'état de répartition, il en fera fait
emploi au remboursement des fommes principales, qui compo-
feront celle de 220000 livres à commencer par les Veuves des
Maîtres, & en préferant ceux defdits Maîtres ou créanciers qui
pourront en avoir le plus de befoin, ainfi qu'il fera ordonné par
le Lieutenant général de Police. N'entend néanmoins Sa Majefté empêcher que les Marchands Epiciers ne continuent à vendre de l'Eau de vie, tant en gros qu'en détail, ni qu'à l'occafion

de

de ladite vente ils n'en donnent à goûter par effai à ceux qui en marchanderont dans leurs boutiques ou magazins, le tout fans fraude & fans qu'ils puiffent fous ce prétexte avoir dans leurs boutiques aucuns Barils, Fontaines, Taffes ou petits Verres dont ils fe fervent maintenant pour donner à boire de l'Eau de vie. Enjoint au fieur d'Argenfon, Maître des Requêtes, Lieutenant général de Police, de tenir la main à l'exécution du préfent Arrêt, & feront toutes Lettres à ce néceffaires expediées. Fait au Confeil d'Etat du Roy tenu à Verfailles le huitiéme jour de Septembre 1705. Collationné. *Signé*, RANCHIN.

*Signifiée aux Marchands Epiciers & Vinaigriers, le onze Septem-*
*bre mil fept cent cinq.*

---

# DECLARATION DU ROY,

Du 24 Novembre 1705. Et Arrêt du Parlement
du 20 Février 1706.

*Qui maintient les Maîtres Limonadiers de vendre feuls*
*toutes les Liqueurs compofées d'Eau de vie & Efprit*
*de vin, & permet aux Epiciers & Vinaigriers de vendre*
*dans leurs boutiques de l'Eau de vie en détail, fans qu'on*
*puiffe s'attabler.*

### Du 24. Novembre 1705.

LOUIS par la grace de Dieu, Roy de France & de Navarre : A tous ceux qui ces préfentes Lettres verront; SALUT. Nous avons par notre Edit du mois de Décembre 1704. fupprimé la Communauté des Limonadiers dans notre bonne Ville de Paris, & Nous avons créé cent cinquante Privileges héréditaires de Limonadiers, avec défenfes à ceux qui en faifoient la profeffion de continuer après le premier Avril dernier : mais les Maîtres Limonadiers Diftillateurs & Marchands d'Eau de vie de ladite Ville Nous ayant fupplié de rétablir leur Communauté; Nous avons révoqué par autre notre Edit du mois de Juillet dernier, celui

L

du mois de Décembre précedent , & ordonné que ladite Communauté feroit & demeureroit dans l'état qu'elle étoit & en confequence que lefdits Maîtres Limonadiers-Diftillateurs & Marchands d'Eau de vie , auroient à l'exclufion de tous autres , la faculté de vendre toutes Liqueurs compofées d'Eau de vie & d'Efprit de vin , Françoifes & Etrangeres & fruits confits auffi à l'Eau de vie: comme auffi de vendre feuls le Caffé brûlé , en poudre & en boiffon , de fabriquer & vendre le Chocolat en tablettes & rouleaux , & de donner feuls de l'Eau de vie à boire dans leurs boutiques , avec défenfes aux Apotiquaires , Vinaigriers & Epiciers , tous autres ayant boutiques , de vendre ni débiter du Caffé brûlé , en poudre & en boiffon , ni aucunes Liqueurs & fruits confits avec de l'Eau de vie , même de fabriquer & vendre du Chocolat en tablettes & rouleaux , & de donner de l'Eau de vie à boire dans leurs boutiques , à la charge de Nous payer dans les termes portez par ledit Edit la fomme de 200000 livres & les 2 fol. pour livres : mais depuis ayant été informé des conteftations qui furviennent continuellent, entre lefdits Epiciers, les Vinaigriers & les Limonadiers - Diftillateurs & Marchands d'Eau de vie , au fujet de la vente des Eaux de vie , que les uns & les autres font en droit & poffeffion de vendre par détail : & comme notre intention n'eft point de priver lefdits Corps & Communautez d'Epiciers & Vinaigriers d'un commerce qu'ils ont toujours fait jufqu'à préfent , & qui même fait la fubfiftance d'un grand nombre d'entr'eux; Nous avons jugé néceffaire d'y pourvoir , d'autant plus que la Communauté defdits Limonadiers & Diftillateurs, a volontairement confenti de faire ce commerce concurremment avec eux. A CES CAUSES & autres à ce Nous mouvans , de notre certaine fcience , pleine puiffance & autorité Royale , Nous avons par ces préfentes , fignées de notre main , dit , déclaré & ordonné, difons , déclarons & ordonnons, voulons & Nous plaît , du confentement defdits Maîtres Limonadiers-Diftillateurs & Marchands d'Eau de vie , que lefdits Epiciers & Vinaigriers continuent de vendre de l'Eau de vie en détail , même qu'ils donnent à boire de l'Eau de vie dans leurs boutiques , comme ils faifoient avant notre Edit du mois de Juillet dernier , auquel nous avons à cet égard feulement dérogé & dérogeons par ces préfentes , fans néanmoins que ceux à qui ils donneront à boire de l'Eau de vie , puiffent s'attabler dans les boutiques defdits Epiciers & Vinagriers , ni

que ladite faculté puisse avoir lieu qu'à l'égard des Epiciers &
Vinaigriers, qui seront reçus Maîtres. Voulons au surplus que
ledit Edit soit executé selon sa forme & teneur, & en conséquence, que lesdits Maîtres Limonadiers Distillateurs & Marchands d'Eau de vie, ayent à l'exclusion de tous autres la faculté de vendre toutes Liqueurs composées d'Eau de vie & Esprit de vin, Françoises & Etrangeres, & fruits confits aussi à
l'Eau de vie ; ensemble le Caffé brûlé, en poudre & en boisson,
comme aussi de fabriquer le Chocolat en tablettes & rouleaux :
réiterons par ces présentes les défenses faites par ledit Edit aux
Apoticaires, Vinaigriers, Epiciers & tous autres ayans boutiques
de vendre & débiter du Caffé brûlé, en poudre ou en boisson,
ni aucunes Liqueurs & fruits confits avec de l'Eau de vie, même
de fabriquer & vendre du Chocolat en tablettes & rouleaux, à
peine de trois cent livres d'amende applicable moitié au profit
de l'Hôpital général, & l'autre moitié au profit desdits Maîtres
Limonadiers. Permettons néanmoins aux Marchands Epiciers
& Vinaigriers qui ont actuellement dans leurs boutiques & magazins, des fruits confits à l'Eau de vie & Liqueurs Françoises
& Etrangeres composées d'Eau de vie, d'en continuer la vente
jusqu'au premier Avril prochain, si mieux n'aiment les Limonadiers les acheter à l'amiable, ou sur le pied de l'estimation qui
en sera faite par Experts qui seront nommez par le Lieutenant
général de Paris de ladite Ville, auquel effet ils seront tenus de
faire leur déclaration desdites liqueurs, trois jours après l'enregistrement des présentes, devant le Lieutenant général de Police : passé lequel tems ils ne pourront en vendre ni débiter. Voulons en outre que les Epiciers qui ont été condamnez en l'a-
mende pour avoir donné de l'Eau de vie à boire en soient déchargez, & que lesdites amendes leurs soient rendues par ceux
qui les auront reçûes. & pour prévenir les difficultez qui pourroient naître entre lesdits Limonadiers-Distillateurs & Marchands
d'Eau de vie, au sujet du payement de ladite somme de deux
cent mille livres & deux sols pour livre : Ordonnons que ceux
d'entr'eux qui ont continué leur commerce depuis le premier
Avril dernier, qu'ils auroient dû cesser de le faire aux termes
de notredit Edit du mois de Décembre précédent, ne pourront être reçus à renoncer à leur commerce, & seront tenus de
payer les sommes pour lesquelles ils font compris dans le Rôle
qui a été arrêté par les Gardes de ladite Communauté, & visé

par le Lieutenant général de Police de ladite Ville, & ce nonobftant toutes renonciations qu'ils pourroient avoir fait fignifier depuis ledit jour. SI DONNONS EM MANDEMENT, à nos amez
& feaux Confeillers les gens tenant notre Cour de Parlement
& Chambre de nos Comptes à Paris, que ces préfentes il ayent
à faire lire, publier & regiftrer, & le contenu en icelles, garder & obferver felon leur forme & teneur; nonobftant tous
Edits, Déclarations, Arrêts & autres chofes à ce contraires,
aufquels Nous avons dérogé & dérogeons par ces préfentes; aux
copies defquels collationnées par l'un de nos amez & feaux Confeillers-Secretaires, voulons que foi foit ajoutée comme à l'original: CAR tel eft notre plaifir. En témoin de quoi, Nous avons
fait mettre notre fcel à cefdites préfentes. DONNE' à Verfailles
le vingt-quatriéme jour de Novembre l'an de grace mil fept cent
cinq; & de notre Regne le foixante-troifiéme. Signé, LOUIS;
Et plus bas, Par le Roy, PHELYPEAUX. Vû au Confeil,
CHAMILLART.

*Regiftré en Parlement; oüi & ce requerant le Procureur général
du Roy, pour être exécutée felon fa forme & teneur. A Paris en Parlement, le vingt Février 1706. Signé, DUTILLET.*

## EXTRAIT DES REGITRES DE PARLEMENT.

VEU par la Cour les Lettres Patentes du Roy, données à
Verfailles le 24 Novembre dernier, *Signées* LOUIS.
*Et plus bas* PAELYPEAUX, & fcellées du Grand Sceau de cire jaune, obtenues par la Communauté des Epiciers & Vinaigriers,
de cette Ville de Paris; par lefquelles pour les caufes y contenues ledit Seigneur a déclaré & ordonné, veut & lui plaît, du
confentement des Maîtres Limonadiers-Diftillateurs & Marchands d'Eau de vie, que lefdits Epiciers & Vinaigriers continuent de vendre de l'Eau de vie en détail, même qu'ils donnent
à boire de l'Eau de vie dans leurs Boutiques, comme ils faifoient
avant l'Edit du mois de Juillet dernier, auquel ledit Seigneur a dérogé à cet égard feulement, fans néanmoins que ceux à qui ils donneront à boire de l'Eau de vie, puiffent s'attabler dans les boutiques
defdits Impetrans, ni que ladite faculté puiffe avoir lieu qu'à l'é-
gard des Epiciers & Vinaigriers qui feront reçus Maîtres: Veut

au furplus que ledit Edit foit executé felon fa forme & teneur, & en confequence, que lefdits Maîtres Limonadiers-Diftillateurs & Marchands d'Eau de vie, ayent à l'exclufion de tous autres, la faculté de vendre toutes liqueurs compofées d'Eau de vie & d'Efprit de vin, Françoifes & Etrangeres & fruits confits auffi à l'Eau de vie, enfemble le Caffé brûlé, en poudre ou en boiffon, comme auffi de fabriquer le Chocolat en tablettes & rouleaux : réitere les défenfes portées par ledit Edit aux Appotiquaires, Vinaigriers, Epiciers, & tous autres ayant boutique, de vendre & débiter du Caffé brûlé, en poudre ou en boiffon, ni aucunes liqueurs & fruits confits avec de l'Eau de vie, même de fabriquer & vendre du Chocolat en tablettes ou roulleaux, à peine de trois cent livres d'amende : Permet néanmoins aux Marchands Epiciers & Vinaigriers qui ont actuellement dans leurs boutiques & Magazins des fruits confits à l'Eau de vie & liqueurs Françoifes & Etrangeres, compofées d'Eau de vie, d'en continuer la vente jufqu'au premier Avril prochain, fi mieux n'aiment les Limonadiers les acheter à l'amiable ou fur le pied de l'eftimation qui en fera faite par Experts, qui feront nommez par le Lieutenant général de Police. VEUT en outre que les Epiciers qui ont été condamnez à l'amende pour avoir donné de l'Eau de vie à boire, en foient déchargez, ainfi que plus au long le contiennent lefdites Lettres à la Cour adreffantes. Requête préfentée par lefdits Impetrans, à fin d'enregistremens defdites Lettres : conclufions du Procureur général du Roy ; oüi le rapport de Me. François Robert Confeiller : Et tout confideré. LA COUR avant proceder à l'enregiftrement defdites Lettres, ordonne qu'elles feront communiquées au Lieutenant général de Police & au Subftitut du Procureur général du Roy au Châtelet, pour donner leur avis fur icelles : comme auffi communiquées aux Maîtres & Gardes des Marchands Epiciers & Limonadiers qui font en Charge pour y donner leur confentement defdites Communauté, oüi dire & autrement ce qu'ils aviferont bon être, pour ce fait rapporté & communiqué au Procureur général du Roy, être ordonné ce que de raifon. FAIT en Parlement le vingtiéme de Février mil fept cent fix. Collationné.

*Signé*, DU TILLET,

*Avis de Monfieur le Lieutenant général de Police.*

VEU par Nous Marc-René de Voyer de Paulmy, Chevalier
Marquis d'Argenfon, Confeiller du Roy en fes Confeils,
Maître des Requête ordinaires de fon Hôtel, Lieutenant général de Police de la Ville, Prevôté & Vicomté de Paris; &
Claude Robert, Confeiller du Roy en fes Confeils, Procureur
de Sa Majefté au Châtelet de Paris; les Lettres Patentes du Roy,
données à Verfailles le 24. Novembre dernier, Signé LOUIS.
*Et plus bas,* Par le Roy, PHELYPEAUX, & fcellées du grand
Sceau de cire jaune, obtenues & impetrées par la Communauté, des Epiciers & Vinaigriers de cette Ville de Paris, par lefquelles lettres & pour les caufes y contenues, Sa Majefté, du
confentement des Maîtres Limonadiers-Diftillateurs, Marchands
d'Eau de vie, auroit ordonné que lefdits Epiciers & Vinaigriers continueroient de vendre de l'Eau de vie en détail, même qu'ils donneroient à boire de l'Eau de vie dans leurs boutiques, comme ils faifoient avant l'Edit du mois de Juillet auffi
dernier, auquel Sa Majefté auroit à cet égard feulement dérogé par lefdites lettres, fans néanmoins que ceux aufquels ils donneroient à boire de l'Eau de vie, puiffent s'attabler dans les
boutiques defdits Epiciers & Vinaigriers, qui feroient reçûs
Maîtres, Voulant au furplus Sa Majefté que ledit Edit, foit exécuté felon fa forme & teneur; & en conféquence que lefdits
Maîtres Limonadiers-Diftillateurs, Marchands d'Eau de vie,
ayent à l'exclufion de tous autres, la faculté de vendre toutes
liqueurs, compofées d'Eau de vie & Efprit de vin, Françoifes
Etrangeres, & fruits confirs auffi à l'Eau de vie, enfemble le
Caffé brûlé en poudre & en boiffon, comme auffi de fabriquer
le Chocolat en tablettes & rouleaux, réiterant par lefdites lettres, les défenfes faites par ledit Edit aux Apotiquaires Vinaigriers, Epiciers & tous autres ayant boutique, de vendre & débiter du Caffé brûlé, en poudre ou en boiffon, ni aucunes liqueurs & fruits confits avec de l'Eau de vie, même de fabriquer
& vendre du Chocolat en tablettes ou rouleaux, à peine de trois
cent livres d'amende, applicable moitié au profit de l'Hôpital
général, & l'autre moitié au profit defdits Marchands Limonadiers: Permettans néanmoins aux Epiciers & Vinaigriers, qui
ont actuellement dans leurs boutiques & Magazins des fruits con-

fits à l'Eau de vie, & liqueurs Françoifes & Etrangeres, compofées d'Eau de vie, d'en continuer la vente jufqu'au premier du
préfent mois d'Avril, fi mieux n'aiment lefdits Limonadiers les
acheter à l'amiable, ou fur le pied de l'eftimation qui en fera faite par Experts, auquel effet ils feront tenus de faire leur déclaration defdites liqueurs, trois jours après l'enregiftrement defdites lettres ; lequel tems paffé ils ne pourront en vendre ni en débiter : Voulant en outre Sa Majefté que les Epiciers qui auront
été condamnez à l'amende, pour avoir donné de l'Eau de vie
en foient déchargez, & que les amendes leurs foient rendües
par ceux qui les auront reçûes : & pour prévenir les difficultez
qui pourroient naître entre lefdits Limonadiers, Diftillateurs,
Marchands d'Eau de vie, au fujet du payement de la fomme de
deux cent mille livres, & les deux fols pour livre : ordonne Sa
Majefté que ceux d'entr'eux qui ont continué leur commerce depuis le premier Avril mil fept cent cinq, qu'ils auroient dû ceffer
de le faire, aux termes de l'Edit du mois de Décembre
mil fept cent quatre, ne pourront être reçûs à renoncer à leur
commerce, & feront tenus de payer les fommes pour lefquelles ils font compris dans le Rôle qui a été arrêté par les Gardes
de ladite Communauté, & ce nonobftant toutes renonciations
qu'ils pourroient avoir fait fignifier depuis ledit jour. L'Arrêt de
la Cour de Parlement du vingt Février mil fept cent fix, par lequel Arrêt la Cour avant proceder à l'enregiftrement defdites
lettres, a ordonné qu'elles nous feront communiquées, pour
donner notre avis fur icelles ; comme auffi communiquées aux
Maîtres & Gardes des Marchands Epiciers, & defdits Limonadiers qui font en Charge, pour y donner les confentemens defdites Communautez, y dire & autrement ce qu'ils aviferont bon
être, pour ce fait rapporté & communiqué à Monfieur le Procureur général, être ordonné ce que de raifon. Signification dudit Arrêt du 3 Mars dernier, faite à la Requête defdits Maîtres
Vinaigriers aufdits Maîtres & Gardes des Marchands Epiciers
& à ceux defdits Limonadiers, par Robinet Huiffier de la Cour,
contrôllé à Paris par Lange, le cinq dudit mois de Mars.
NOTRE avis eft fous de bon plaifir de la Cour, que les lettres Patentes accordées aux Corps des Marchands Epiciers & des Maîtes
Vinaigriers, n'introduifant en leur faveur aucun droit nouveau,
& les maintenans feulement dans la faculté dont ils étoient en
poffeffion, foit avant, foit depuis l'établiffement de la Commu-

nauté des Maîtres Limonadiers, & dans laquelle ils avoient été
maintenus par un Arrêt de la Cour , rendu contradictoirement
à leur profit, l'enregiftrement de ces lettres qu'il à plû au Roy de
leur accorder le 24 Novembre 1705. peut être ordonné fans difficulté. Fait ce 17 jour d'Avril 1706. Signé , MARC RENE' DE
VOYER D'ARGENSON & ROBERT , en la Minutte.

*Signé*, GAUDION , Gréffier.

## ARREST DU CONSEIL D'ESTAT,
### du 29 Decembre 1705.

*Qui décharge la Communauté des Diſtillateurs du payement
des droits attribués aux Offices de Viſiteurs d'Eau , compoſée avec de l'Eau de vie.*

LE Roi en fon Confeil , ayant égard à ladite Requête & en
interprétant ledit Edit du mois d'Octobre dernier , portant
création de trente Vifiteurs-Contrôlleurs de toutes fortes d'Eau
de la Reine d'Hongrie & autres, compoſées avec de l'Eau de
vie ou diftillées , enfemble de tous Sirops & Effences : A déchargé & décharge la Communauté des Marchands d'Eau de
vie , Diftillateurs de ladite Ville , & Fauxbourgs de Paris , du
payement des droits attribuez auſdits Offices, pour tous Ratafiats & autres Eaux compoſées avec de l'Eau de vie ou diftillées qu'ils fabriqueront , ou ont ci-devant fabriquées eux-mêmes
dans ladite Ville & Fauxbourg de Paris , à la charge de payer les
droits pour toutes leſdites Liqueurs qu'ils feront venir de dehors;
Fait Sa Majefté défenfes audit Richer, fes Procureurs & Commis d'éxiger de ladite Communauté des Limonadiers , les droits
attribuez auſdits Offices pour leſdits Ratafiats & Eau de vie par
eux fabriquées , à peine de tous dépens , dommages & interêts ; &
fera au furplus ledit Edit du mois d'Octobre dernier exécuté felon
fa forme & teneur , à la charge par eux d'achever de payer ce
qu'ils doivent de refte dans les termes portez par led. Edit du mois
de Juillet dernier , & faute par eux d'y fatisfaire ils demeureront
déchûs du bénéfice du préfent Arrêt, & tenus de payer les droits
attribuez auſd. Contrôlleurs-Vifiteurs des liqueurs. Fait au Confeil
d'Etat du Roy , tenu à Verfailles le 29 Décembre 1705. Collationné. *Signé*, DE LAISTRE.

EDIT.

# EDIT DU ROY,

*PORTANT suppression de la Communauté des Marchands d'Eau-de-Vie, rétablie par Edit du mois de Juillet* 1705. *& création de cinq cens Priviléges héréditaires de Marchands d'Eau-de-Vie, Esprit de Vin & de toutes sortes de Liqueurs, dans la Ville & Fauxbourgs de Paris, lesquels Privilegiez seront Communauté.*

Donné à Versailles au mois de Septembre 1706.

*Regiftré en Parlement en Vaccations.*

LOUIS, par la grace de Dieu, Roi de France & de Navarre : A tous préfens & à venir, SALUT. Par Nôtre Edit du mois de Décembre 1704. Nous avons fupprimé la Communauté des Limonadiers & créé cinquante Priviléges héréditaires de Limonadiers , Marchands d'Eau-de-vie pour notre bonne Ville de Paris , & le nombre qu'il feroit eftimé neceffaire pour nos Provinces. Et par autre Notre Edit du mois de Juillet 1705. Nous avons revoqué celui du mois de Décembre précédent, & rétabli ladite Communauté en l'état qu'elle étoit avant ledit Edit, fur les offres qui nous avoient été faites par ladite Communauté, de nous payer une Finance de deux cent mille livres , & les deux fols pour livre , au moyen de quoi nous les avons maintenus dans le droit de vendre feuls à l'exclufion de tous autres , toutes fortes de Liqueurs , & de donner à boire de l'Eau-de-vie dans leurs Boutiques : cependant les Epiciers , Vinaigriers & autres ayant reprefenté l'ufage & la poffeffion dans laquelle ils étoient de vendre en détail des Eaux-de-vie & autres Liqueurs , lefdits Marchands d'Eaux-de-Vie auroient confenti qu'ils continuaffent de donner à boire des Eaux-de-vie, à condition que ceux qu'ils feroient boire dans leurs Boutiques , ne pourroient s'attabler, ce que nous avions permis aufdits Epiciers & Vinaigriers par notre Déclaration du 24 Novembre auffi dernier ; mais lefdits Marchands d'Eau-de-vie nous ayant fait reprefenter que lefdits Epi-

M

ciers & Vinaigriers contreviennent journellement à cette Déclaration , & donnent à boire dans leurs Boutiques à des particuliers qui s'attablent comme avant cette Déclaration , en sorte que
ne jouissant pas du benefice de notre Edit du mois de Juillet 1705.
il leur seroit impossible d'achever le payement de ladite somme
de deux cens mille livres, nous avons jugé à propos pour faire
cesser toutes sortes de procez & différends entre ces trois Communautez & rétablir la tranquillité entr'elles, de recevoir la pro-
position qui nous a été faite de créer cinq cens Priviléges héréditaires de Marchands d'Eau-de-vie & de toutes sortes de Liqueurs, dont le prix sera si modique que ceux qui ont interêt de
continuer ce commerce pourront aisement les acquerir. A ces
causes, & autres à ce nous mouvans, de notre certaine science,
pleine puissance & autorité Royale, Nous avons par le présent
Edit perpetuel & irrevocable, révoqué & révoquons celui du
mois de Juillet 1705. & supprimons la Communauté des Marchands d'Eau-de-vie, rétablie par ledit Edit. Voulons que con-
formement à celui du mois de Décembre 1704. les Syndics de
ladite Communauté soient tenus de représenter leurs Quittances
de Finances qui nous ont été payées par ladite Communauté ;
ensemble les recepissez de Jean Lescuyer par nous commis pour
le recouvrement desdits deux cens mille livres ou de ses Commis , des sommes payées en exécution dudit Edit du mois de Juillet 1705. même des deux sols pour livre pour être par nous pourvû au remboursement desdites sommes , & de la même autorité
que dessus, nous avons créé cinq cens Priviléges héréditaires des
Marchands d'Eau-de-vie , Esprit de Vin & toutes sortes de Liqueurs en notre bonne Ville & Fauxbourgs de Paris , pour être
lesdits cinq cens Priviléges possedez héréditairement par les particuliers qui en auront payé la Finance en nos Revenus Casuels,
lesquels feront Communauté de Marchands d'Eau-de-vie , Esprit
de Vin, & de toutes sortes de Liqueurs composées, & attribuons
aux Acquereurs desdits Priviléges la faculté de vendre à l'exclusion de tous autres toutes Liqueurs composées d'Eau-de-vie &
Esprit de Vin , Françoises ou Etrangeres, & fruits confits aussi
à l'Eau-de vie : Comme aussi de vendre seuls du Caffé brûlé,
en poudre & en boisson , & de fabriquer & vendre le Chocolat
en tablettes ou rouleau , & de donner de l'Eau-de-vie à boire
dans leurs Boutiques ; ensemble du Thé, Chocolat, Caffé, Limonade & autres Liqueurs composées, de quelque nature qu'el-

les foient ; Faifons défenfes aux Epiciers & Vinaigriers de donner à boire de l'Eau-de-vie chez eux à l'avenir, même s'attabler,
auquel effet nous avons dérogé à notre Déclaration du 24. Novembre dernier, & à toutes fortes de perfonnes, mais après l'enregiftrement du préfent Edit, de tenir Boutique pour vendre ni
debiter les boiffons & marchandifes ci-deffus ledit temps paffé,
à peine de cinq cens livres d'amende, & de confifcation des
Liqueurs & marchandifes ci-deffus qui fe trouveront chez eux ;
enfemble des vaiffeaux & Uftenciles fervant au commerce & débit defdites marchandifes & Liqueurs. Voulons néanmoins que
ceux qui en font actuellement le commerce, puiffent le continuer en faifant dans ledit mois leurs foumiffions d'acquerir un
defdits Priviléges, & d'en payer le prix ; fçavoir un quart dans
le mois fuivant, & les autres trois quarts de trois en trois mois.
Permettons aufdits Marchands d'Eau-de-vie, Epiciers & autres,
d'acquerir plufieurs defdits Priviléges, de les faire exercer fépa-
rement ; & ne feront les Epiciers & autres exerçant d'autres profeffions fujets à caufe defdits Priviléges aux vifites des Maîtres &
Gardes de ladite Communauté, mais feulement aux droits de
vifite, de même que les autres Acquereurs defdits Priviléges.
Faifons très-expreffes inhibitions & défenfes à tous Concierges,
Suiffes ou Portiers, des Palais & Hôtels de notre bonne Ville
& Fauxbourgs de Paris, Colleges, Monafteres, Abbayes, &
autres lieux Privilegiez en quelque endroit qu'ils foient fituez,
de retirer aucunes perfonnes pour faire commerce de marchandifes & Liqueurs ci-deffus expliquées, à peine de pareille amende que deffus, laquelle ne pourra être remife ni moderée. Permettons aux Maîtres-Gardes de la Communauté defdits cinq cent
Privilégiez, d'aller en vifite dans l'enceinte de l'Abbaye S. Germain des Prez, du Temple, S. Jean de Latran, S. Martin des
Champs, S. Denis de la Chartre, Fauxbourg faint Antoine, &
autres lieux Privilégiez, affiftez d'un Commiffaire au Châtelet ;
Voulons que les Veuves, enfans & heritiers de ceux qui auront
acquis des Priviléges, les puiffent faire exercer ou les louer à qui
bon leur femblera, fans être obligez de demeurer dans la maifon de ceux à qui ils les auront louez, à la charge expreffe qu'a-
près avoir cedé ou loué leurs Priviléges ils n'en pourront faire
aucun exercice, à peine de perte de leurs Priviléges & de cinq
cens livres d'amende : Voulons auffi que ceux qui prendront des
Priviléges à loyer, ou qui les exerceront pour des Privilégiez,

en faſſent leur déclaration ſur le Regiſtre de leur Communauté ; avant laquelle déclaration leur défendons d'en faire aucun commerce , à peine de pareille amende que deſſus ; Ne pourront leſdits Priviléges héréditaires être ſaiſis par autres Créanciers que ceux qui auront prêté leurs deniers pour les acquerir , dont mention ſera faite dans la Quittance de Finance ou dans le Contrat d'emprunt , & en conſideration du préſent établiſſement que nous entendons être ſtable & perpetuel , Nous avons déchargé & déchargeons ceux de la Communauté des Marchands d'Eau-de-vie & Liqueurs qui auront pris des Priviléges du droit de poids & meſures & de l'établiſſement d'un Greffier de Communauté créé par nos Edits des mois de Janvier & Août 1704. voulant au ſurplus que les Statuts des Diſtillateurs du 13 Octobre 1634. ceux des Limonadiers Marchands d'Eau-de-vie du 28 Janvier 1676. l'Arrêt du Conſeil du 5 Septembre ſuivant , & l'Edit du mois de Juillet 1705. l'Arrêt du Conſeil du 8 Septembre ſuivant, en ce qui n'eſt point dérogé par le préſent , ſoient executez ſelon leur forme & teneur ; & néanmoins qu'il ſoit fait Election de ſix Maîtres-Gardes en la maniere accoutumée , après que leſdits Priviléges auront été vendus en tout ou en grande partie : Voulons pareillement que notre Edit du mois de Décembre 1704. ait ſon entiere exécution à l'égard des Limonadiers , Marchands d'Eau-de-vie de nos Provinces , leſquels ſeront tenus d'acquerir des Priviléges à l'inſtar de ceux de Paris , pour continuer l'exercice de leur profeſſion , en payant les ſommes auſquelles leſdits Priviléges ſeront fixés par les rôles qui ſeront arrêtez en notre Conſeil , ſur les avis des Sieurs Intendans & Commiſſaires départis dans nos Provinces , & ce dans un mois au plus tard du jour de l'enregiſtrement du préſent Edit , paſſé lequel tems ils ſeront tenus de fermer leurs Boutiques , à peine de trois cens livres d'amende , & de confiſcation comme ci-deſſus ; Voulons que leſdits cinq cens Priviléges ne ſoient ſujets à la viſite d'aucun Corps ni Communauté , ſous quelque pretexte que ce puiſſe être. Et s'il arrive des conteſtations au ſujet de l'exécution du préſent Edit , nous en avons attribué la connoiſſance aux Lieutenans Généraux de Police , & par appel en nos Cours de Parlemens , & l'interdiſons à nos autres Juges. Si donnons en Mandement , à nos amez & feaux Conſeillers les Gens tenant notre Cour de Parlement , Chambre de nos Comptes à Paris , que le préſent Edit ils ayent à faire lire , publier & regiſtrer , même en

tems de Vaccations, & le contenu en icelui, garder & obferver felon fa forme & teneur, nonobftant tous Edits, Déclarations, Arrêts & autres chofes à ce contraires, aufquels Nous
avons dérogé & dérogeons par le préfent Edit ; aux copies duquel collationnées par l'un de nos amez & feaux Confeillers-Secretaires : Voulons que foi foit ajoûtée comme à l'Original : Car
tel eft notre plaifir ; Et afin que ce foit chofe ferme & ftable à toujours, Nous y avons fait mettre notre Scel. Donné à Verfailles,
au mois de Septembre l'an de grace mil fept cens fix, & de notre regne le foixante-quatriéme. *Signé*, L O U I S. *Et plus bas*,
Par le Roi, PHELYPEAUX. *Vifa*, PHELYPEAUX. Veu au Confeil,
CHAMILLART. Et fcellé du grand Sceau de cire verte, en lacs
de foye rouge & verte.

*Regiftré, oüy, & ce requerant le Procureur Général du Roi, pour
être executé felon fa forme & teneur, fuivant l'Arrêt de ce jour. A
Paris en Parlement, en Vaccations, le vingt-quatriéme Septembre
mil fept cent fix. Signé,* DU TILLET.

# EDIT DU ROY,

## PORTANT *rétabliffement de la Communauté des Li-
monadiers à Paris.*

Donné à Verfailles au mois de Novembre 1713.

*Regiftré en Parlement le 20 Décembre 1713.*

L OUIS, par la grace de Dieu, Roi de France & de Navarre : A tous préfens & à venir, SALUT. Par notre Edit
du mois de Décembre 1704. Nous avons fupprimé la Communauté des Limonadiers de Notre bonne Ville de Paris, & avons
ordonné à tous les Maîtres qui la compofent de fermer leurs Boutiques dans le premier Avril lors prochain, avec défenfes de
vendre de l'Eau-de-vie, Efprit de Vin & autres Liqueurs, à peine contre les contrevenans de mille livres d'amende, confifcation des marchandifes & Uftenciles fervans à leur Profeffion,
fauf à pourvoir au rembourfement des fommes qui nous auroient

été payées par ladite Communauté ; au lieu de laquelle Nous avons par le même Edit créé cent cinquante Priviléges hérédi-taires de Marchands Limonadiers, Vendeurs d'Eau-de-vie, Ef-prit de Vin & autres Liqueurs, pour à l'exclusion des Limona-diers & de tous autres, exercer ladite Profession ; mais lesdits Maî-tres Limonadiers nous ayans fait supplier de rétablir ladite Com-munauté aux offres de nous payer la somme de deux cent mille livres, outre & pardessus celle de cent-une mille livres, qu'ils nous auroient ci-devant payées en exécution de nos précédens Edits ; Nous avons accepté lesdites offres, & en conséquence, Nous avons révoqué l'Edit du mois de Décembre 1704. par au-tre Edit du mois de Juillet 1705. en exécution duquel ladite Com-munauté a payé la somme de soixante-treize mille trois cent tren-te-trois livres six sols huit deniers, à Me. Jean Lescuyer, chargé de l'exécution de l'Edit du mois de Décembre 1704. & celle de vingt-quatre mille livres, pour employer aux travaux de la Ri-vière d'Eure ; & comme ledit Lescuyer nous auroit fait propo-ser de créer cinq cens Priviléges au lieu de cent cinquante créés par l'Edit du mois de Décembre 1704. Nous avons par notre Edit du mois de Septembre 1705. révoqué celui du mois de Juil-let 1705. & supprimé de nouveau la Communauté des Marchands d'Eau-de-vie, au lieu de laquelle Nous avons créé dans notre bonne Ville de Paris, cinq cens Priviléges héréditaires desdits Marchands d'Eau-de-vie, Esprit de Vin, & toutes sortes de Li-queurs, avec faculté aux Acquereurs desdits Priviléges d'y ven-dre lesdites marchandises & Liqueurs, à l'exclusion de tous au-tres ; mais comme Nous avons été informé que ledit Lescuyer chargé pareillement de l'exécution de ce dernier Edit, n'a pû jus-qu'à présent vendre que cent trente-huit desdits cinq cent Privi-léges, dont vingt-un ont été acquis par des Marchands Epiciers & des Maîtres Vinaigriers, quarante-cinq par des Particuliers sans qualité ; soixante-douze par des Maîtres de ladite Commu-nauté supprimée ; sur la vente desquels Priviléges ledit Lescuyer n'a fourni en Notre Trésor Royal que cent six mille huit cent soi-xante-quinze livres ; & que d'ailleurs ladite Communauté n'avoit pû jouir de l'effet de l'Edit dudit mois de Juillet 1705. attendu la concurrence demandée par les Marchands Epiciers & Maîtres Vinaigriers pour la vente de l'Eau-de-vie en détail, & pour en don-ner à boire dans leurs Boutiques : laquelle concurrence leur a été accordée par notre Déclaration du 24 Novembre 1705. nonobſtant l'excluſion portée par ledit Edit, duquel ils n'ont tiré aucun avantage, ce qui les a obligé de ſe pourvoir par devers Nous, pour obtenir le rembourſement des ſommes par eux payées en vûe de ladite excluſion, qui ne peut avoir lieu, à quoi ils ajoûtent que leur Communauté, quoi qu'abſolument détruite par ces differens changemens, ſe trouve néanmoins livrée à la pourſuite de divers Créanciers, qui prétendent avoir action ſur les biens propres & particuliers de chacun des Maîtres anciens & nouveaux dont ladite Communauté étoit compoſée; toutes leſquelles conſidérations Nous ont porté à la rétablir dans l'état où elle étoit avant l'Edit de 1704. & même de la tenir quitte de la ſomme de trente-neuf mille ſept cent quatre-vingt-onze livres qu'elle Nous devoit encore, de celle de deux cent vingt mille livres, à laquelle elle étoit obligée envers Nous, par notre Edit du mois de Juillet 1705. A ces cauſes, & autres à ce nous mouvans, de notre certaine ſcience, pleine puiſſance & autorité Royale, Nous avons par notre Edit perpetuel & irrévocable, révoqué & révoquons celui du mois de Septembre 1706. & ordonnons que notre Edit du mois de Juillet 1705. & notre Déclaration renduë en conſéquence le 24 Novembre ſuivant, ſeront exécutez ſelon leur forme & teneur; ce faiſant, Ordonnons que la Communauté des Maîtres Limonadiers, Vendeurs d'Eau-de-vie, Eſprit de Vin & autres Liqueurs, ſera & demeurera rétablie comme elle étoit avant notre Edit de 1704. Voulons qu'ils ſoient déchargez comme par le préſent Edit Nous les déchargeons & tenons quittes de ladite ſomme de trente-neuf mille ſept cent quatre-viugt-onze livres, qui reſte à payer de celle de deux cent mille livres, & des deux ſols pour livre en exécution de l'Edit du mois de Juillet 1705. ſauf à recevoir ledit Leſcuyer à compter de clerc à maître, des ſommes qu'il a tirées de la vente de partie des cinq cent Priviléges créés par nos Edits des mois de Novembre 1704. & Septembre 1706. Voulons que huitaine après l'enregiſtrement de notre préſent Edit, il ſoit procedé à l'élection de nouveaux Jurez-Gardes de ladite Communauté, par leſdits Maîtres Diſtillateurs anciens & nouveaux, en la forme ainſi qu'il le pratiquoit avant notre Edit du mois de Décembre 1704. Voulons auſſi que les Marchands Epiciers, Maîtres Vinaigriers, particuliers ſans qualité ou anciens Maîtres de ladite Communauté des Limonadiers qui ont acquis des Priviléges du nombre de cinq cens, créés par Edit du mois de Septembre 1706. ſoient tenus d'en

repréfenter les Quittances de Finances aux Jurez nouvellement
élûs, & ceux d'entr'eux qui n'ont pas encore lefdites Quittances de fe pourvoir par devers ledit Lefcuyer, à l'effet de la
converfion de fes recepiffez en quittance de Finance, pour être
enfuite les unes & les autres vifées par lefdits Jurez, & en être
dreffé un état qui fera remis au Lieutenant Général de Police &
de lui paraphé, afin que le montant defdites Quittances demeure fixé : Ordonnons que jufqu'au rembourfement de ce que les
Epiciers ou Vinaigriers ont payé tant en principal, que de deux
fols pour livre fur les prix defdits Privileges, ils puiffent les exercer librement, & jouir de toutes les prérogatives qui leur font attribuées par leur Edit de création & Arrêts rendus en conféquence, fi mieux ils n'aiment que la Communauté des Limonadiers
leur en faffe la rente. Ordonnons pareillement que les Privileges
acquis par des Particuliers fans qualité leur tienne lieu de maîtrife, fi mieux ils n'aiment que la Communauté leur faffe la rente
des fommes que lefdits Privileges leur ont coûté, tant en principal que deux fols pour livre jufqu'au parfait remboursement, &
quant aux anciens Maîtres Limonadiers Diftillateurs qui ont acquis quelques-uns defdits Privileges, Voulons qu'ils les remettent
inceffamment entre les mains defdits Gardes-Jurez nouvellement
élûs qui s'obligeront envers chacun d'eux au nom de la Communauté, à leur payer la rente des fommes principales & deux
fols pour livre que leur ont coûté lefdits Privileges, lefquels en
conféquence de ladite obligation, feront rapportez au Lieutenant Général de Police & par lui batonnez : Et pour faciliter le
payement defdites rentes & des autres fommes que ladite Communauté des Limonadiers a été obligée d'emprunter pour notre
Service : Ordonnons que conformément à la Déliberation du
quinze Avril 1711. laquelle nous avons homologuée & homologuons par ces préfentes, chacun des Maîtres de ladite Communauté, anciens ou nouveaux reçûs & à recevoir, même ceux fans
qualité, à qui lefdits Privileges tiendront lieu de maîtrife, ayent
à payer outre les droits de vifite accoutumez. Dix fols par chacune femaine; & que faute d'avoir payé ladite redevance de femaine en femaine, ils y feront contraints à l'écheance de la de-
mie année, comme pour nos propres deniers & affaires, à condition néanmoins que ladite redevance, du montant de laquelle
les Jurez & Gardes compteront d'année en année pardevant le
Lieutenant Général de Police, ceffera d'être payée après que les

dettes

dettes de ladite Communauté auront été entierement acquittées, tant en principal qu'interêts & frais , & qu'elle fera diminuée à proportion defdits payemens. N'entendons déroger par le préfent Edit à celui du mois de Décembre 1704. ni à celui du mois de Décembre 1706. en ce qui concerne la création des Priviléges héréditaires des Marchands Limonadiers, Vendeurs d'Eaude-vie & Efprit de Vin, & autres Liqueurs , pour les Villes principales des Provinces de notre Royaume autres que Paris, au nombre qui fera jugé neceffaire, fuivant les Rôles qui en feront arrêtez en notre Confeil ; lefquels deux Edits Nous voulons être executez chacun à leur égard : Si donnons en Mandement , à nos amez & feaux Confeillers les Gens tenans notre Cour de Parlement, Chambre des Comptes & Cour des Aydes à Paris, que notre préfent Edit ils ayent à faire lire, publier & enregiftrer, & le contenu en icelui, fuivre, garder, obferver & executer felon fa forme & teneur ; ceffant & faifant ceffer tous troubles & empêchemens qui pourroient être mis ou donnez, nonobftant tous Edits, Déclarations, Reglemens, Arrêts & autres chofes à ce contraires, aufquelles nous avons dérogé & dérogeons par notre préfent Edit ; aux copies duquel collationnées par l'un de nos amez & feaux Confeillers-Secretaires , Voulons que foi foit ajoutée comme à l'original : Car tel eft notre plaifir , & afin que ce foit chofe ferme & ftable à toujours , Nous y avons fait mettre notre Scel. Donné à Verfailles au mois de Novembre, l'an de grace mil fept cent treize, & de notre regne le foixante-onziéme. Signé, LOUIS, Et plus bas, Par le Roi, PHELYPEAUX, Vifa PHELYPEUAX. Veu au Confeil, DESMARETZ. Et fcellé du grand Sceau de cire verte, en lacs de foye rouge & verte.

*Regiftré, oüi & ce requerant le Procureur Général du Roi, pour être executé felon fa forme & teneur, fuivant l'Arrêt de ce jour. A Paris en Parlement le vingtiéme Décembre mil fept cent treize.*

Signé, DONGOIS.

# SENTENCE DE POLICE,
## du vingt-six May 1719.

*PAR laquelle sans avoir égard à l'intervention de Nicolas Jourdain Suisse, déclare la saisie faite sur le nommé Quesnel & sa femme, valable, avec confiscation des choses saisies, fermeture de Boutique, dommages, interêts, amende & dépens.*

A TOUS ceux qui ces présentes Lettres verront : Charles-Denis de Bullion, Chevalier Marquis de Gallardon, Seigneur de Bonnelles & autres lieux, Garde de la Ville, Prevôté & Vicomté de Paris; SALUT, sçavoir, faisons : Que sur la Requête faite en Jugement devant Nous, en l'Audience de la Chambre de Police du Châtelet de Paris, par Me. Jean-Martin Heller, Procureur des Jurez & Gardes de la Communauté des Maîtres Distillateurs, Marchands d'Eau-de-vie & de toutes Liqueurs à Paris, Demandeurs aux fins de leurs Exploits faits par Eutrope Larcher, Huissier-Sergent à Verge audit Châtelet, les 11 & 17 du présent mois de May, controllez à Paris les 14 & 19 dudit mois, par le Camus; tendante à ce que la saisie faite sur les nommez Quesnel & sa femme, soit déclarée bonne & valable, que les Marchandises & choses sur eux saisies par l'Exploit du onze du présent mois soient confisquées à leur profit, avec défense de plus entreprendre sur leur métier, vendre de l'Eau-de-vie & des Liqueurs, que leur Boutique soit fermée, & pour leur contravention, violence & rebellion mentionnez au Procès verbal fait par Me. Menyer Commissaire, qu'ils seroient condamnez en l'amende, en leurs dommages, interêts & aux dépens, sans s'arrêter ni avoir égard à la demande, intervention & prise de fait & cause faite pour lesdits Quesnel & sa femme, par Nicolas Jourdain, Suisse de Madame la Princesse de Montbazon, & ci-devant Suisse de feu Monsieur le Duc de Berry, de laquelle il seroit débouté & condamné aux dépens; contre les nommez Quesnel & sa femme, tenant Boutique à Caffé-Limonadier, sans qualité, ruë du Four, Paroisse S. Sulpice, Défendeurs à ladite saisie : Et encore ledit Nicolas Jourdain, Suisse de feu Monsieur

le Duc de Berry, & à préfent Suiffe de Madame la Princeffe de
Montbazon, Défendeurs à l'Exploit dudit jour 17 du préfent
mois de May, & par vertu du défaut par Nous donné contre
lefdits Quefnel & fa femme non comparans, ni Procureur pour
eux duëment appellé; Lecture faite dudit Exploit de Saifie fufdat-
té, du Procès-verbal fait par ledit Me. Menyer Commiffaire, ledit jour onze May, contenant les violences & rebellion faites par
lefdits Quefnel & fa femme. NOUS après avoir ouy ledit Commiffaire Menyer en fon rapport, & ledit Jourdain préfent en fes
défenfes, Avons les faifies faites fur lefdits Quefnel & fa femme,
déclarées vallables, Ordonnons que les Marchandifes & chofes
fur eux faifies, demeureront confifquées au profit defdits Jurez;
défenfe aufdits Quefnel & fa femme de plus entreprendre fur le
métier defdits Demandeurs, vendre de l'Eau-de-vie & des Liqueurs. Ordonnons que leur Boutique fera fermée à la diligence
defdits Demandeurs; & pour leur rebellion, violences & voye
de fait, les condamnons en cent livres d'amende envers le Roi,
en cinquante livres de dommages & interêts envers lefdits Demandeurs & aux dépens; fans s'arrêter & avoir égard à la demande & intervention dudit Jourdain, de laquelle l'avons débouté & condamné aux dépens: & fera la préfente Sentence affichée par tout où befoin fera: ce qui fera executé nonobftant &
fans préjudice de l'appel & foit fignifié: En témoin de ce Nous
avons fait fceller ces préfentes, qui furent faites & données par
Meffire LOUIS-CHARLES DE MACHAULT, Chevalier, Confeiller
du Roi en fes Confeils, Lieutenant Général de Police, tenant
le Siege le Vendredi vingt-fixiéme jour de May mil fept cent dix-
neuf. Collationné. Signé, CUYRET. Et Scellé. Signé, CHAMBAULT.

*L'an mil fept cent dix-neuf, le deuxiéme jour de Juin, à la Re-
quête des Maîtres & Gardes en charge de la Communauté des Maîtres Diftillateurs, Marchands d'Eau-de-vie & de toutes Liqueurs à
Paris, qui ont élu leur domicile en la maifon de Me. Jean-Martin
Heller, Procureur au Châtelet à Paris, fize ruë des Petits-Champs
S. Martin: J'ai Eutrope Larcher, Huiffier-Sergent à Verge au Châtelet de Paris, y demeurant ruë du Four, Paroiffe Saint Sulpice, fouffigné, fignifié & laiffé copie de la Sentence ci-deffus, aux nommez
Quefnel & fa femme, fe difant Limonadier, en leur domicile fufdite
ruë du Four, en parlant audit Quefnel, & à Nicolas Jourdain, ci-
devant Suiffe de feu Monfeigneur le Duc de Berry, & à préfent*

*Suiſſe de Madame la Princeſſe de Montbazon, au domicile par lui élu en la maiſon deſdits Queſnel & ſa femme, fus déclarée, parlant pour lui audit Queſnel, à ce que du contenu en icelle ils n'en ignorent, & leur ay laiſſé copie à chacun ſéparément, tant de ladite Sentence, que du préſent, en parlant comme deſſus. Signé, LARCHER, avec paraphe. Controllé le trois Juin mil ſept cent dix-neuf.*

Signé, LE CAMUS.

---

## AVIS DE M. LE PROCUREUR DU ROY,
du 27 May 1721. confirmé par Sentence de Police
du 27 Juin ſuivant.

*Qui condamne la Veuve le Marchand, à payer la ſomme de 3. liv. pour une année de Viſite & Confrairie, & aux dépens.*

ENTRE les Jurez & Gardes de la Communauté des Maîtres Diſtillateurs Marchands d'Eau-de-vie à Paris, Demandeurs aux fins de leur Exploit fait par Larcher Sergent à Verge, le quatorze du préſent mois, controllé à Paris par le Camus le quinze, tendant à ce que la Défendereſſe ſoit condamnée de leur payer trois livres pour le droit de Viſite & de Confrairie dont elle eſt tenue par chacun an, avec dépens, aſſiſtés de Jean-Martin Heller leur Procureur, contre Me. Nicolas Ducheſne Procureur de Jeanne Charité, veuve André le Marchand, Maître Diſtillateur Marchand d'Eau-de-vie à Paris, Défendereſſe. Parties ouyes, lecture faite de leurs pieces, NOUS condamnons ladite veuve Marchand à payer auſdits Demandeurs trois livres pour le droit de Viſite & de Confrairie dont elle eſt tenue pour la préſente année, avec dépens ; ce fut fait & donné par Me. François Moreau, Conſeiller du Roi en tous ſes Conſeils d'Etat, & ſon Procureur audit Châtelet de Paris, tenant le Siege leſdits jour & an que deſſus. *Signé,* CHAILLOU.

A TOUS ceux &c. Monſieur le Prévot de Paris : SALUT, ſçavoir, faiſons : Que ſur la Requête faite en la Chambre de Police, par Me. Jean-Martin Heller, Procureur des Jurez-Gardes de la Communauté des Maîtres Diſtillateurs Marchands

d'Eau-de-vie à Paris, Demandeur en confirmation de l'avis de
M. le Procureur du Roi, du vingt-sept May dernier, qui a condamné la ci-après nommée à payer ausdits Demandeurs la somme de trois livres pour le droit de Visite de Confrairie qu'elle leur
doit pour la présente année, suivant la Requête icelle du vingt-
huit dudit mois de May, contre Me. Nicolas Duchesne, Procureur de Jeanne Charité veuve d'André le Marchand, Maître
Distillateur Marchand d'Eau-de-vie à Paris, Défenderesse. Parties ouyes, NOUS avons l'avis du Procureur du Roi confirmé,
& suivant icelui condamnons la Dame veuve Marchand à payer
ausdits Demandeurs trois livres pour le droit de Visite & de Confrairie dont elle est tenue pour la présente année, avec dépens;
ce qui sera exécuté nonobstant & sans préjudice de l'appel : En
témoin de ce nous avons fait sceller ces présentes, ce fut fait
& donné par Messire Gabriel Taschereau de Baudry, Conseiller
du Roi en son Conseil, Lieutenant Général de Police, tenant
le Siege le Vendredi vingt-sept Juin mil sept cent vingt-un. Collationné, signé, scellé. Et au dos est écrit signifié à Me. Duchef-
ne à domicile le quatre Juillet 1721.

## SENTENCES DE POLICE,
du 5 Juin 1722. & 8 Février 1724.

*QUI ordonne à Antoine Desgranges, Jacques Bara &*
*Nicolas Hains, de porter honneur & respect aux Jurez*
*& Gardes de leur Communauté, & leur a interdit l'en-*
*trée du Bureau de leur Communauté, & permet d'y affi-*
*cher ladite Sentence.*

A TOUS ceux qui ces Présentes Lettres verront : Guillaume-
François Joly, Chevalier, Seigneur de Fleury & autres
Lieux, Conseiller du Roi en tous ses Conseils d'Etat & Privé,
son Procureur Général au Parlement, Garde de la Prévôté &
Vicomté de Paris le Siége Vacant. SALUT, Sçavoir, faisons :
Que sur la Requête faite en Jugement devant Nous, à l'Audien-
ce de la Chambre de Police du Châtelet de Paris, par Me. Jean-
Martin Heller Procureur de Gilles Adam, Pierre Gauchi,

Philippe Brice & Philippe Carette , Jurez & Gardes de la Communauté des Maîtres Diftillateurs , Marchands d'Eau-de-vie à Paris, & de Jean Fillio , Louis Lavoifiere & Alexandre Boufige Maîtres de ladite Communauté & anciens Jurez d'icelle , Demandeurs aux fins de la Requête verbale fignifiée le 5 May, tendante à ce qu'en conféquence de la preuve refultante de l'enquête faite à leur Requête, pardevant le Commiffaire Regnard l'aîné, à l'encontre des Défendeurs ; que défenfes leur fuffent faites de plus venir dans le Bureau de ladite Communauté les infulter, injurier & molefter ainfi qu'ils ont fait le 27 Oétobre dernier, & déchiré la manche du jufte-au-corps dudit Lavoifiere , defquelles infultes & voyes de fait ils ont rendu plainte audit Commiffaire Regnard ledit jour 27 Oétobre ; pour l'avoir fait qu'ils feroient tenus venir au Bureau leur en faire reparation , la Communauté affemblée ; qu'ils feroient privez de l'entrée dudit Bureau , & condamnez folidairement en leurs dommages & interêts, pour lefquels ils fe feroient reftrains à deux cent livres, en l'amende & aux dépens, & qu'il leur feroit permis de faire afficher la préfente Sentence dans le Bureau de ladite Communauté , affifté de Me. Barbier leur Avocat, contre Me. Joachim Defcelles Procureur d'Antoine Defgranges , Jacques Bara & Nicolas Hains Maîtres Diftillateurs, Marchands d'Eau-de-vie à Paris , Défendeurs & accufez, & par vertu du deffaut par nous donné contre ledit Defcelles non comparant dûement appellé ; leéture faite de la plainte des Demandeurs, de l'enquête faite à leur Requête , de la demande portée par ladite Requête verbale fufdatée & autres piéces ; NOUS, après avoir ouy noble homme Me.        Defarges en fes Conclufions, attendu la preuve refultante de l'enquête faite à la Requête defdits Demandeurs, & y faifant droit, Avons fait & faifons défenfes aux Défendeurs de plus à l'avenir méfaire & médire à leurs Jurez : enjoint à eux de leur porter honneur & refpeét, & de venir dans le Bureau de leur Communauté les infulter ; & pour les avoir injuriés les condamnons en trente livres de dommages & interêts envers les Demandeurs, en vingt livres d'amende & aux dépens, & demeureront lefd. Parties défaillantes exclues de l'entrée du Bureau de leurdite Communauté pendant trois mois, & permis aux Demandeurs de faire afficher la préfente Sentence dans leur Bureau , ce qui fera executé fans préjudice de l'appel & foit fignifié : En témoin de ce Nous avons fait fceller ces préfentes. Ce fut fait & donné par Meffire Marc-Pierre de Voyer d'Argenfon ,

Lieutenant de Police dudit Châtelet tenant le Siege le Vendredi
cinq Juin mil sept cent vingt-deux. Collationné.

*Signé*, TARDIVEAU.

A TOUS ceux qui ces préfentes Lettres verront: Gabriel-
Hyerôme de Bullion, Chevalier-Comte d'Eclimont, Meftre de Camp, Confeiller du Roy en fes Confeils, Prevôt de Paris. SALUT, fçavoir faifons que fur la Requête faite en Jugement
devant Nous, à l'Audiance de la Chambre de Police du Châtelet de Paris, par Maître Jean-Martin Heller, Procureur des Jurez-Gardes de la Communauté des Maîtres Diftillateurs, Marchands d'Eau de vie à Paris, & de Jean Fillio, Louis Lavo-
fiere & Alexandre Boufige anciens Jurez & Gardes de ladite
Communauté, demandeurs en exécution de notre Sentence du
§ Juin 1722. rendue fur les conclufions des Gens du Roy, par
laquelle, en confequence de la preuve réfultante de l'enquête
faite à la requête des demandeurs, a été fait défenfe aux défendeurs de plus à l'avenir leur méfaire & médire, enjoint à eux
de leur porter honneur & refpect, venir dans le Bureau de leur
Communauté les infulter; & pour les avoir injuriez condamnons en trente livres de dommages & intérêts envers eux, en
vingt livres d'amende & aux dépens, & qu'ils demeureroient
exclus de l'entrée du Bureau de leur Communauté pendant trois
mois, & permet aux demandeurs d'afficher ladite Sentence dans
leur Bureau: déffendeurs à l'oppofition formée à l'exécution d'i-
celle le quatre Juillet 1722. affifté de Me. Nicolas Froüard leur
Avocat, contre Me. Joachin Deffelles, Procureur d'Antoine
Defgranges, Jacques Bara & Nicolas Hains tous auffi Maîtres
Diftillateurs, Marchands d'Eau de vie à Paris, défendeurs &
accufez; affiftez de Me. Duret leur Avocat: Parties oüies; lectu-
faite de leurs pieces & de notre Sentence fufdattée: NOUS, après
avoir oüi les Gens du Roy en leur conclufions, qui nous ont
fait recit des enquêtes des parties, & faifant droit fur la preuve
réfultante de l'enquête des Parties de Froüard, avons les Parties de Duret déboutés de leur oppofition; Ordonnons que
notre Sentence fera executée avec dépens, ce qui fera exécuté
nonobftant & fans préjudice de l'apel, en témoin de ce Nous
avons fait fceller ces préfentes, qui furent faites & données par
Meffire Nicolas-Jean-Baptifte Ravot, Chevalier-Seigneur d'Ombreval, Confeiller du Roy en fes Confeils, Maître des Requê-

*tès* ordinaire de fon Hôtel, Lieutenant général de Police de la Ville de Paris, tenant le Siége au Châtelet le Mardy 8 Février 1724. Collationné. *Signé*, CUIRET.

*Signifié à Me. Defelles, à domicile, ce 18 Février mil fept cent vingt-quatre.*

---

# AUTRE SENTENCE DE POLICE,
## du 7 Avril 1724.

*Qui fait défenfes à plufieurs Modernes & Jeunes de s'affem-bler fans les Jurez-Gardes, & qui les condamne à l'amende.*

A TOUS ceux qui ces préfentes Lettres verront: Gabriel-Hyerôme de Bullion, Chevalier-Comte d'Eclimont, Meftre de Camp du Regiment de Provence, Infanterie, Con-feiller du Roy en fes Confeils, Prevôt de Paris: SALUT, fça-voir faifons, que fur la Requête faite en Jugement devant Nous à l'Audiance de la Chambre de Police du Châtelet de Paris, par Me Jacques Fournier, Procureur de Charles Bourfier & Claude Rolle, Syndics des Modernes & Jeunes Maîtres de la Commu-nauté des Maîtres & Marchands Limonadiers à Paris & con-fors, demandeurs fuivant leur Requête des dix-fept Septembre & fix Décembre derniers, & Exploit fait en vertu de notre Or-donnance du vingt Janvier dernier par Defavoyes, Huiffier à Verge le fix Mars auffi dernier, contrôllé à Paris le même jour par Duvet, à ce que les Jurez & Gardes de préfent en charge de la Communauté defdits Maîtres & Marchands Limonadiers foient tenus de faire chaque jour leurs vifites, affiftés d'un Com-miffaire & d'un Huiffier chez tous les Marchands Epiciers & Vi-naigriers de cette Ville, même dans les lieux prétendus privile-giez, à l'effet de faifir tous ceux qui font en contravention aux Statuts, Edits, Déclarations, Arrêts & Reglemens de lad. Com-munauté, & de pourfuivre les faifies jufqu'à Sentence & Arrêts définitifs, aux frais & dépens de qui il appartiendra; finon qu'il fera permis & que les demandeurs foient autorifez & faire au lieu & place defdits Jurez, & à pourfuivre les faifies qui feront par eux faites en la maniere accoûtumée, en l'abfence defdits Jurez & fans qu'ils puiffent s'y oppofer ni s'en plaindre; & défendeurs

contre

Contre Me. Heller, Procureur defdits Syndic & Jurez en charge de la Communauté defdits Maîtres & Marchands Limonadiers, défendeurs & demandeurs fuivant leur Requête fignifiée
le vingt Octobre auffi dernier, affiftez de Me. Froüard leur
Avocat ; & encore lefdits Bourfier, Rolle & conforts défendeurs
& incidemment demandeurs, fuivant leurs défenfes du vingt-
fept dudit mois de Mars, à ce que la préfente Sentence foit déclarée commune avec Jean Fillio, Pierre Lemarchand & autres
Anciens Jurez & Gardes de ladite Communauté, avec dépens,
affifté de Me. Duret leur Avocat, contre Me. Manchon Procureur defdits Fillio, Lemarchand & conforts intervenans, demandeurs fuivant leur Requête verbale du vingt-deux dudit mois
de Mars & défendeurs, affiftez de Me. Sandrier leur Avocat,
Parties oüies, enfemble les Gens du Roy en leurs conclufions:
Nous avons la déliberation en queftion déclarée nulle, faifons
défenfes aux parties de Duret & à tous autres de faire pareilles
cabales ni aucunes Affemblées dans des Maifons particulieres &
ailleurs que dans le Bureau de ladite Communauté, & fans la
participation des Jurez; & pour l'avoir fait par les parties de Duret les condamnons chacun en trois livres d'amande & aux dépens envers toutes les parties, & cependant dans trois jours les
parties de Froüard tenus de faire les vifites & faifies chez les
particuliers qui leur feront indiquez par les parties de Duret,
finon & à faute de ce faire permettons aux parties de Duret de
faire lefdites vifites & faifies, le tout néanmoins à leurs frais &
fans aucune répétition contre ladite Communauté; défaut contre les défaillans, notre Sentence déclarée commune avec eux.
Ce qui fera exécuté nonobftant & fans préjudice de l'appel &
foit fignifié : en témoins de quoi Nous avons fait fceller ces préfentes, qui furent faites & données par Mre. Nicolas Jean-Baptifte Ravot, Chevalier-Seigneur d'Ombreval, Confeiller du Roy
en fes Confeils, Lieutenant général de Police au Châtelet de
Paris, tenant le Siége le Vendredy fept Avril mil fept cent vingt-
quatre. Collationné. Signé, CUIRET.

*Signifié aufdits Mes Fournier & Manchon, à domicile, ce vingt
Avril* 1724. Signé, ROUARD,

# AUTRE SENTENCE DE POLICE, du 31 Janvier 1726.

*Qui enjoint aux Diftillateurs, Marchands d'Eau de Vie, & de toutes fortes de Liqueurs & à leurs veuves lorfqu'ils changeront de demeure, d'en aller faire déclaration au Bureau de leur Communauté, à peine de dix livres d'amende.*

A TOUS ceux qui ces préfentes Lettres verront : Gabriel-Hyerôme de Bullion , Chevaiier - Comte d'Eclimont, Meftre de Camp du Regiment de Provence Infanterie, Confeiller du Roi en fes Confeils, Prevôt de la Ville, Prevôté & Vicomté-de Paris ; SALUT , fçavoir faifons , que vûe par Nous René Herault , Chevalier-Seigneur de Fontaine-l'Abbé & autres lieux, Confeiller du Roy en tous fes Confeils d'Etat & privé , Confeiller d'honneur en fon Grand Confeil , Maître des Requêtes ordinaire de fon Hôtel , Lieutenant général de Police , de la Ville , Prevôté & Vicomté de Paris , la Requête à Nous préfentée par les Jurez & Gardes de la Communauté des Maîtres Diftillateurs, Marchands d'Eau de vie & de toutes liqueurs de la Ville & Fauxbourgs de Paris , expofitive , que leur Communauté avoit été impofée à fix mille neuf cent quarante une livre de Capitation l'année derniere mil fept cent vingt-cinq, de laquelle avoit été fait un Rôle de répartition fur tous les Maîtres & veuves de Maîtres qui la compofoient, qui avoit été de Nous arrêté , lorfqu'ils s'étoient mis en devoir d'en faire le recouvrement , ils n'avoient pû y parvenir, à caufe que plufieurs Maîtres changeoient de domicile & fermoient leurs boutiques, de forte que lefdis Jurez ne pouvoient plus les trouver , ce qui leur avoit donné lieu de raffembler leur Communauté , & par déliberation faite fur le Regiftre d'icelle, le dix-huit Oƈtobre de ladite année mil fept cent vingt-cinq, copie de laquelle extraite dudit Regiftre, fignée defdits Jurez, étoit attachée à ladite Requête, ils avoient été autorifez de nous la préfenter pour l'homologation d'icelle, aux fins y contenuës : A CES CAUSES requeroient que par la Sentence & Jugement , qu'il nous plairoit rendre , en forme de

Réglement, homologuer la déliberation faite par ladite Communauté, ledit jour 18. Octobre mil sept cent vingt - cinq, &
en consequence ordonner que tous les Maîtres & veuves de
Maîtres, lorsqu'ils changeroient de maisons ou boutiques, seroient tenus de venir au Bureau de ladite Communauté, faire
déclaration du lieu & Paroisse ou ils iroient loger & demeurer,
à peine de telle amende qu'il nous plairoit de prononcer, laquelle demeureroit encouruë contre les contrevenans, & au payement de laquelle ils seroient contrains, desquelles déclarations
seroit tenus Registre par lesdits Jurez, le tout pour faciliter ausdits Jurez présens & à ceux à venir, le recouvrement de ladite
Capitation, & ordonne que notre Sentence seroit exécutée sans
préjudice de l'appel, ladite Requête signée Bréant, Deschamps,
Boursier & Couronne, & Heller Procureur au Châtelet, leur
Procureur, notre Ordonnance étant au bas d'icelle, en datte du
19 Janvier 1726. portant soit montré au Procureur du Roy,
ses conclusions étant ensuite, du 28 desdits mois & an; vû aussi
ladite déliberation de la Communauté des Maîtres Distillateurs,
Marchands d'Eau de vie à Paris, du 18 Octobre 1725. signée
desdits Jurez susnommez, & lesdites signatures certifiées verita-
bles par ledit Me. Heller, ladite déliberation contrôlée à Paris,
le 8 desdits mois & an, signé Sonnois, qui a reçû douze sols:
ET LE TOUT CONSIDERE', Nous, du consentement du Procureur du Roy, avons homologué la susdite déliberation, pour
être exécutée selon sa forme & teneur; & en consequence Ordonnons que tous les Maîtres & veuves de Maître de ladite
Communauté, lorsqu'ils changeront de maisons ou de boutiques, seront tenus d'aller au Bureau de ladite Communauté,
faire déclaration du lieu, rue & Paroisse où ils iroient loger &
demeurer, à peine de dix livres d'amende, laquelle demeurera
encouruë contre les conttevenans, & au payement de laquelle
ils seront contrains, & desquels déclarations sera tenu Registre
par lesdits Jurez, le tout pour faciliter ausdits Jurez présens &
à venir, le recouvrement de ladite Capitation : & sera la presente Sentence exécutée, nonobstant & sans préjudice de l'appel;
en témoin de ce Nous avons fait sceller ces présentes. Ce fut
fait & donné par Nous Juge susdit, le trente-un Janvier mil
sept cent vingt-six. Collationné. Signé, TARDIVEAU.

# ARREST DU CONSEIL D'ESTAT DU ROY,
## du 2 Septembre 1727.

*Rendu entre la Communauté des Limonadiers d'une part,*
*& les Epiciers, Apotiquaires-Epiciers d'autre.*

PAR lequel le Roy en son Conseil, faisant droit sur le tout
a ordonné & ordonne que l'Edit du mois de Juillet 1705.
la Déclaration du 24 Novembre suivant, & l'Edit du mois de
Novembre 1713. seront exécutez selon leur forme & teneur, ce
faisant à maintenu & gardé la Communauté des Limonadiers,
dans le droit & faculté de vendre à l'exclusion de tous autres,
toutes liqueurs composées d'Eau de vie & d'esprit de vin, & fruits
confits à l'Eau de vie. Fait défenses aux Epiciers & Apotiquaires
Epiciers de les y troubler, à peine de confiscation des marchandises saisies en contravention, de 300 livres d'amende, & de tous
dépens dommages & interêts. Fait au Conseil d'Etat du Roi,
tenu à Versailles le 2 de Septembre 1727. Collationné. GUYOT.

*Le Neuviéme jour d'Octobre mil sept cent vingt-sept, signifié &*
*laissé copie à Maîtres Perrin, & Ycart Avocats des Parties adverses*
*pour leur absence au Greffe du Conseil à Fontainebleau, parlant au*
*Sieur Vernon, Commis en titre audit Greffe. Par Nous Huissier Or-*
*dinaire du Roy en ses Conseils.* HANEL

*Le vingt-quatre Octobre mil sept cent vingt-sept, à la Requête de*
*la Communauté des Marchands d'Eau de vie & de toutes liqueurs;*
*Maîtres Distillateurs, Limonadiers de la Ville & Fauxbourgs de*
*Paris, qui ont élu domicile en la Maison de Me. Thorel Avocat ès*
*Conseils du Roy Cour du Pallais, le présent Arrêt du Conseil d'Etat,*
*a été signifié, & d'icelui laissé copie, aux fins y contenues, & réiteré*
*les défenses sous les peines y portées, au sieur Pierre Carlier, subrogé*
*à Charles Cordier, en son Bureau ruë de Grenelle St. Honoré à l'Hô-*
*tel des Fermes parlant au Suisse Portier auquel a été payé cinq sols,*
*& aux Jurez & Communauté des Marchands Epiciers de la Ville*
*& Fauxbourgs de Paris, en leur Bureau Cloître St. Oportune, par-*
*lant à la Concierge dudit Bureau. Par nous Huissier Ordinaire du Roy*
*en son Conseil.* DE LA RUELLE.

# AUTRE ARREST DU CONSEIL,
## dudit jour 2 Septembre 1727.

*PORTANT défenses aux Fermiers de Sa Majesté d'exprimer dans les Lettres de Regrat le débit de l'Eau-de-Vie, sans toucher à la liberté aux Colporteurs-Vendeurs à petite mesure, de se placer à dix maisons d'un Limonadier.*

LE ROY EN SON CONSEIL, sans s'arrêter aux conclusions prises par Me. Pierre Carlier, dont Sa Majesté l'a débouté, ayant égard aux Requêtes des Limonadiers, a ordonné & ordonne que les Arrests du Parlement des premier Juillet 1678. premier Août 1680. & 30 Juillet 1685. ensemble l'Arrest du Conseil du 13 Décembre 1689. seront executés selon leur forme & teneur, & en conséquence, fait Sa Majesté défenses audit Carlier, & aux Fermiers qui lui succederont, d'exprimer à l'avenir dans les Lettres de Regrat le débit de l'Eau-de-vie, dont la vente en Boutique ne pourra être faite que par les Limonadiers & par les Epiciers & Apoticaires-Epiciers, & la vente des fruits confits à l'Eau-de-vie, & autres Liqueurs par les seuls Limonadiers, n'entend néanmoins Sa Majesté toucher à la liberté accordée aux placiers, colporteurs & vendeurs à petites mesures, d'exposer sur des escabelles & petites tables, de l'Eau-de-vie, & des cerises & noix confites, à la distance de dix maisons de celles desdits Limonadiers, Epiciers, & Apoticaires-Epiciers suivant les Reglemens ci-devant rendus, fait néanmoins Sa Majesté par grace, & sans tirer à conséquence main levée des saisies faites jusqu'à ce jour sur lesdits placiers, colporteurs & vendeurs à petites mesures. FAIT au Conseil d'Etat du Roi, tenu à Versailles le deuxiéme jour de Septembre mil sept cent vingt-sept, Collationné. *Signé*, GUYOT.

*Le neuviéme jour d'Octobre mil sept cent vingt-sept, signifié & laissé Copie à Maître Ycart Avocat des Parties adverses pour son absence au Greffe du Conseil à Fontainebleau, parlant au Sieur Vernon Commis en titre audit Greffe, par nous Huissier ordinaire du Roi en ses Conseils. Signé, HANEL.*

*Le vingt-quatre Octobre mil sept cent vingt-sept, à la Requête de la Communauté des Marchands d'Eau-de-vie & de toutes Liqueurs ; Maîtres Distillateurs, Limonadiers de la Ville & Fauxbourgs de Paris, qui ont élû domicile en la maison de Me. Thorel Avocat ès Conseils à Paris, Cour du Palais, le présent Arrest du Conseil d'Etat du Roi, a été signifié, & d'icelui laissé copie aux fins y contenues & des défenses y portées au sieur Pierre Carlier subrogé à Charles Cordier, en son Bureau ruë Grenelle S. Honoré à l'Hôtel des Fermes, parlant au Suisse Portier, auquel a été payé cinq sols, par nous Huissier ordinaire du Roi en ses Conseils, Signé, DE LA RUELLE.*

### EXTRAIT DES REGISTRES DU CONSEIL D'ETAT.

LOUIS par la grace de Dieu Roy de France & de Navarre, A nos amez & feaux Conseillers les Gens tenans nos Cours de Parlemens & des Aydes à Paris, SALUT. Nos biens amez *les Maîtres Jurez-Gardes & Communautez des Maîtres Distillateurs d'eau de vie & de toutes sortes de liqueurs, Marchands d'eau de vie, Limonadiers de notre bonne Ville, Fauxbourgs & banlieuë de Paris,* Nous ont fait exposer que par deux Arrêts contradictoirement rendus en notre Conseil Royal des Finances le même jour deuxiéme Septembre de la présente année mil sept cent vingt-sept ; l'un entre lesdits Exposans, Charles Cordier, chargé de la Regie de nos Fermes génerales, & Charles Carlier Adjudicataire génerale de nosdites Fermes ; & l'autre aussi entre lesdits Exposans, la Communauté des Marchands Epiciers & Apotiquaires Epiciers de Paris, & les mêmes Charles Cordier & Charles Carlier, esdits noms & qualitez, parties reçûes intervenantes en l'Instance pendante en notre Conseil Privé avec lesdites Communautez, & à la requisition desdits Cordier & Carlier, évoquez en notredit Conseil Royal des Finances, au rapport du Sieur Contrôleur géneral des Finances Nous aurions statué diffinitivement sur les contestations d'entre lesdites Communautez, & lesdits Cordier & Carlier, au sujet de la vente exclusive des Liqueurs composées d'Eau de vie & d'Esprit de vin, & de fruits confits à l'Eau de vie, prétendue par lesditsLimonadiers, & sur la vente de l'Eau de vie en boutique & en détail, concurremment avec les Epiciers & Apotiquaires Epiciers & autres ; & par l'un desdits Arrêts ordonné que l'Edit du mois de Juillet 1705. la Déclaration du 24 Novembre suivant, & l'Edit du mois de No-

vembre 1713. feroient executez felon leur forme & teneur : ce
faifant Nous aurions maintenus & gardé la Communauté defdits
Limonadiers dans le droit & faculté de vendre, à l'exclufion de
tous autres, toutes liqueurs compofées d'Eau de vie, & fait défenfes aux Epiciers & Apotiquaires-Epiciers de les y troubler,
à peine de confifcation des marchandifes faifies en contravention, de trois cens livres d'amende, & de tous dommages & in-
rerêts, & par l'autre defdits Arrêts du même jour, fans Nous
arrêter aux conclufions prifes par ledit Pierre Carlier, dont Nous
l'aurions débouté, ayant égard aux Requêtes defdits Limonadiers, Nous aurions ordonné que les Arrêts de notredite Cour
de Parlement des premiers Juillet 1678. premier Août 1680. &
trente Juillet 1685. enfemble l'Arrêt de notre Confeil du treize
Décembre 1689. feroient executés felon leur forme & teneur ; &
en confequence Nous aurions fait défenfe audit Carlier, & aux
Fermiers qui lui fuccederont, d'exprimer à l'avenir dans les Lettres de regrat, le débit d'Eau de vie, dont la vente en boutique ne pourra être faite que par lefdits Limonadiers, & par les
Epiciers & Apotiquaires-Epiciers ; & la vente des fruits confits à
l'Eau de vie & autres liqueurs, par les feuls Expofans : n'enten-
dant néanmoins toucher à la liberté accordée aux Placiers, Colporteurs & vendeurs à petites mefures, d'expofer fur des efcabelles & petites tables de l'eau de vie, & des Cerifes & Noix
confites, à la diftance de dix maifons de celles defdits Limonadiers, Epiciers & Apotiquaire-Epiciers, fuivant les Réglemens
ci-devant rendus : Par grace, & fans tirer à confequence, Nous
aurions par ledit dernier Arrêt fait main-levée des faifies faites
jufqu'à ce jour fur lefdits Placiers, Colporteurs & vendeurs à
petites mefures : & comme lefdits Expofans ont un notable interêt de faire connoître à nofdites Cours la difpofition defdits
Arrêts, pour en rendre l'execution d'autant plus certaine ; il
Nous auroient très humblement fait fupplier de leur accorder nos
Lettres fur ce néceffaires. A CES CAUSES voulant favorablement
traiter lefdits Expofans, de l'avis de notre Confeil, qui a vû lefdits deux Arrêts de notre Confeil Royal de nos Finances, du même jour deuxiéme Septembre de la préfente année 1727. cy-
attachez fous le contre-fcel de notre Chancellerie, Nous, conformément à iceux, avons ordonné, & ordonnons par ces préfentes fignées de notre main, que l'Edit du mois de Juillet 1705.
la Déclaration du 24. Novembre fuivant, & l'Edit du mois de

Novembre 1713. feront executez felon leur forme & teneur.
Ce faifant avons maintenus & gardé, maintenons & gardons la
Communauté defdits Limonadiers dans le droit & faculté de vendre, à l'exclufion de tous autres, toutes liqueurs compofées
d'eau de vie & d'efprit de vin, & fruits confits à l'eau de vie.
FAISONS défenfes aux Epiciers & Apotiquaires-Epiciers de les y
troubler, à peine de confifcation des marchandifes faifies en confifcation, de trois cens livres d'amende, & de tous dépens dommages & interêts; & fans nous arrêter aux conclufions prifes par
Maître Pierre Carlier, dont Nous l'avons débouté, ayant égard
aux Requêtes defdits Limonadiers, avons ordonné & ordonnons par ces mêmes préfentes, que les Arrêts de notredite
Cour de Parlement des premier Juillet 1678. premier Août
1680. & trente Juillet 1685. enfemble l'Arrêt de notre Confeil du treize Décembre 1689. feront executez felon leur forme
& teneur; & en confequence faifons défenfes audit Carlier &
aux Fermiers qui lui fuccederont, d'exprimer à l'avenir dans
les Lettres de regrat, le débit de l'eau de vie, dont la vente
en boutique ne pourra être faite que par lefdits Limonadiers, &
par les Epiciers, Apotiquaires-Epiciers, & la vente des fruits
confits à l'eau de vie & autres liqueurs, par les feuls Limonadiers; n'entendons néanmoins toucher à la liberté accordée aux
Placiers, Colporteurs & vendeurs à petites mefures, d'expofer fur
des efcabelles & petites tables, l'eau de vie & des Cerifes
& Noix confites, à la diftance de dix maifons de celles defdits
Limonadiers, Epiciers & Apotiquaires-Epiciers, fuivant les
Réglemens ci-devant rendus. FAISONS par grace, & fans
tirer à confequence, main-levée des faifies faites jufqu'à ce jour
fur lefdits Placiers, Colporteurs & vendeurs à petites mefures.
SI VOUS MANDONS que ces préfentes vous ayez à faire,
chacun en droit foy, regiftrer, & du contenu en icelles & aufdits Arrêts, vous faffiez jouir & ufer lefdits Limonadiers pleinement & paifiblement, ceffant & faifant ceffer tous troubles
& empêchemens au contraire. CAR tel eft notre plaifir. DON-
NE' à Fontainebleau le feptiéme jour de Novembre l'an de
grace mil fept cent vingt-fept & de notre Regne le trentiéme. Signé, LOUIS, *Et plus bas*, Par le Roy.

PHELYPEAUX

SENTENCE

# SENTENCE DE POLICE,
## du cinq Mars 1728.

*QUI ordonne que l'Edit de 1705. fera executé, & con-*
*damne le nommé Ginet comme Etranger , ayant épousé*
*une veuve de Maître Distillateur , à payer la somme de*
*huit cent livres pour sa Maîtrise , outre les droits de la*
*Communauté.*

A TOUS ceux qui ces préfentes Lettres verront : Gabriel-Jerôme de Bullion, Chevalier, Comte d'Efclimont , Meftre
de Camp du Regiment de Provence Infanterie , Confeiller du
Roi en fes Confeils, Prévôt de la Ville ; Prévôté & Vicomté de
Paris ; SALUT. Sçavoir faifons, que fur la Requête faite en Jugement devant nous à l'Audience de la Chambre de Police du Châtelet de Paris, par Me. René-Julien Rottier , Procureur de Jo-
feph Ginet garçon Limonadier , & de Demoifelle Marguerite
Vigreufe fa femme auparavant veuve de Touffaint Belny , Maître Limonadier-Diftillateur à Paris. Demandeur en execution de
notre Sentence du 9 Janvier dernier, qui déclare les offres réelles faites par les Demandeurs au ci-après nommé, bonnes & valables, & réiterées à l'Audience de la Chambre de Police bonnes & valables , décharge les Demandeurs de la diminution qui
pourroit arriver fur les efpeces offertes , en conféquence, ordonne que les ci-après nommez feront tenus de recevoir ledit Ginet
à la maîtrife de Marchand Limonadier, Diftillateur, Marchand
d'Eau-de-vie & autres Liqueurs, finon que ladite Sentence vau-
dra de reception , le tout en la maniere accoûtumée & autres
prononciations portées par ladite Sentence, avec dépens , Défendeur à la Requête verbale d'oppofition fignifiée le dernier du
même mois affiftée de Me. Sandrier leur Avocat, contre Me. Heller Procureur des Jurez de la Communauté des Maîtres Diftillateurs, Marchands d'Eau-de-vie & de Liqueurs à Paris , Défendeurs & Oppofans à l'execution de ladite Sentence, fuivant leur
Requête verbale fufdatée & incidemment Demandeurs , fuivant
leur Requête fignifiée le dix-neuf Février dernier, tendante à ce
que fans s'arrêter aux offres faites par ledit Ginet qui feroient dé-

P.

clarées infuffifantes , & en conféquence condamné à payer à ladite
Communauté la fomme de douze cens livres pour fa Maîtrife
comme étranger ayant époufé ladite veuve Belny , outre tous les
droits des Jurez, & autres frais du Bureau & de fa Lettre de Maîtrife , avec dépens affiftés de Me. Frouard leur Avocat, Parties
oüies , fans que les qualitez puiffent nuire ni préjudicier, NOUS
avons les Parties de Frouard reçûs oppofantes à l'execution de
notre Sentence , faifant droit fur l'oppofition , Ordonnons que
l'Edit de 1705. fera executé , fans avoir égard aux offres de la Partie de Sandrier, la condamnons à payer huit cens livres aux Parties de Frouard outre les droits de la Communauté, la Partie de
Sandrier condamnée aux dépens , ce qui fera executé nonobftant
& fans préjudice de l'appel. En témoin de ce , Nous avons fait
fceller ces Préfentes qui furent faites & données parMeffire René Herault , Chevalier, Seigneur de Fontaine-l'Abbé , Vaucreffon & autres lieux , Confeiller d'Etat, Lieutenant Général de Police de la Ville , Prévôté & Vicomté de Paris , tenant le Siege le
Vendredi cinq Mars mil fept cens vingt-huit , figné par collation. TARDIVEAU , *figné* , fcellé DOYARD , & *enfuite eft écrit:*

A fignifier à Me. Heller fous les proteftations de fe pourvoir
contre les chefs qui font griefs. *Signé*, ROTTIER à domicile , le
premier Avril mil fept cens vingt-huit. *Signé*, CRONU.

---

# ARREST DU PARLEMENT,
## du huit Juin 1728.

*QUI déclare la reception du fieur Pafferat du 22 Janvier
1721. à la Maîtrife de Limonadier, nulle ; ordonne que les
Statuts de la Communauté des Limonadiers de Paris, enfemble les Lettres Patentes & Edits des 28 Janvier 1676.
du mois de Juillet 1705. & du mois de Novembre 1713.
feront executez ; & fait défenfes aux Maîtres & Gardes
de ladite Communauté de recevoir aucun Afpirant à la
Maîtrife , qu'il n'ait fait apprentiffage pendant trois ans.*

LOUIS , par la grace de Dieu, Roi de France & de Navarre : Au premier des Huiffiers de notre Cour de Parlement ,

autre Huiffier ou Sergent fur ce requis. Sçavoir faifons qu'entre Pierre Gauchy Marchand Limonadier à Paris, Appellant d'une Sentence rendue par le Lieutenant Général de Police du Châtelet de Paris, le dix-neuf Août mil fept cent vingt-un, d'une part, & François Pafferat Marchand d'Eau-de-vie & autres liqueurs à Paris, Intimé d'autre; & entre ledit Pafferat Demandeur aux fins des Requête & Exploit du même jour vingt-fix Octobre mil fept cent vingt-cinq, d'une part, & les Maîtres & Gardes en Charge de la Communauté des Maîtres Limonadiers, Marchands d'Eau-de-vie en cette Ville de Paris, défendeurs d'autre; & entre lefdits Maîtres & Gardes en Charge de la Communauté des Limonadiers, Demandeurs en Requête d'intervention du vingt-fix Novembre mil fept cent vingt-cinq, d'une part, & lefdits Pafferat & Gauchy Défendeurs d'autre; & entre ledit Pafferat Demandeur en Requête du onze Décembre mil fept cent vingt-cinq, d'une part, & ledit Gauchy Défendeur d'autre; & entre ledit Pierre Gauchy Demandeur en Requête du feize Décembre mil fept cent vingt-fept, d'une part, & ledit Pafferat & lefdits Maîtres & Gardes en Charge de la Communauté des Maîtres Limonadiers de Paris, Défendeurs, d'autre part. Vû par notredite Cour ladite Sentence du Lieutenant Général de Police du Châtelet de Paris, du dix-neuf Août mil fept cent vingt-un, dont eft appel, contradictoirement rendue entre lefdits Maîtres & Gardes en Charge de la Communauté des Maîtres Diftillateurs, Marchands d'Eau-de-vie & de toutes Liqueurs à Paris, ledit Gauchy & ledit Pafferat, par laquelle fans s'arrêter à l'intervention defdits Maîtres & Gardes en Charge de la Communauté des Limonadiers, & à la demande dudit Gauchy dont ils étoient déboutés, l'avis du Subftitut de notre Procureur Général au Châtelet auroit été confirmé avec dépens, ce qui feroit executé avec dépens. Arrêt du feize Avril mil fept cent vingt-deux d'apointé au Confeil fur ledit appel; autre Arrêt du dix-neuviéme Juin mil fept cent vingt-cinq, qui auroit ordonné l'exécution du précedent, & refervé les dépens; Requête dudit Gauchy des treize Août mil fept cent vingt-cinq, & vingt-huit Février mil fept cent vingt-fix, employée pour caufe & moyen d'appel; production des Parties, celle dudit Gauchy par fefdites Requêtes des caufes d'appel; Requête dudit Pafferat des dix-fept, trente-un Août mil fept cent vingt-cinq, & deux Mars mil fept cent vingt-fix, employée pour réponfes à caufe d'appel, enfemble pour contredits

P ij

contre la production dudit Gauchy ; sommation faite audit Gauchy d'y contredire ; la production dudit Passerat, Requêtes & demandes dudit Passerat du neuviéme Août mil sept cent vingt-
cinq, à ce qu'en lui adjugeant ses conclusions avec dépens, ledit
Gauchy fût pareillement condamné aux dépens reservés par l'Arrêt de notredite Cour du dix-neuf Juin mil sept cent vingt-cinq,
& en ceux de ladite demande, sur laquelle demande notredite
Cour par son Ordonnance étant au bas de ladite Requête, auroit reservé d'y faire droit en jugeant. Requête & demande dudit Passerat du vingt-six Octobre mil sept cent vingt-cinq, & en
ceux de ladite demande, sur laquelle demande notredite Cour
par son Ordonnance étant au bas de la Requête, auroit reservé
d'y faire droit en jugeant ; Requête & demande dudit Passerat
du vingt-six Octobre mil sept cent vingt-cinq, aux fins d'assigner
en notredite Cour lesdits Maîtres & Gardes Limonadiers pour
voir dire qu'il auroit acte de la dénonciation qu'il leur faisoit de
l'appel dudit Gauchy, à ce qu'ils eussent à prendre son fait & cause, & à faire confirmer ladite Sentence, sinon où ledit Gauchy
réussiroit dans ses prétentions, lesdits Maîtres & Gardes fussent
condamnés solidairement à restituer audit Passerat la somme de
treize cens neuf livres de principal qu'il leur avoit payé pour être
admis à la Maîtrise des Maîtres Limonadiers, & en vingt mille
livres de dommages & interêts, si mieux ils n'aimoient, suivant
la liquidation qui en seroit faite, même d'acquitter ledit Passerat
des condamnations qui pourroient intervenir contre lui en faveur
dudit Gauchy, tant en principal, interêts que frais & dépens, &
se voir en outre condamnés aux dépens, en demandant, défen-
dant, & de la sommation au bas de laquelle Requête est l'Ordonnance de notredite Cour, portant, soient Parties appellées ; Exploit du vingt-six Octobre mil sept cent vingt-cinq, d'assignation
donnée en conséquence ausdits Maîtres & Gardes de la Communauté des Limonadiers ; Requête d'intervention & demande desdits Maîtres & Gardes en Charge de la Communauté des Limonadiers du vingt-six Novembre mil sept cent vingt-cinq, à ce
qu'Acte leur fût donné de l'emploi y contenu pour moyens d'intervention, & y faisant droit Acte leur fût aussi donné de ce qu'ils
contresommoient & dénonçoient audit Gauchy la demande contre eux formée par ledit Passerat, par ses Requête & Exploit du
vingt-six Octobre mil sept cent vingt-cinq, comme aussi de ce
qu'ils adheroient aux conclusions que ledit Passerat avoit prises

fur leurdit appel, en conféquence l'appellation fût mife au néant; ordonner que ce dont étoit appel, fortiroit fon plein & entier effet, ledit Gauchy fût condamné en l'amende & aux dépens, tant en demandant, que de la fommation & contrefommation, même d'acquitter lefdits Maîtres & Gardes des condamnations qui pourroient être contre eux prononcées en faveur dudit Paſſerat. Arrêt du trois Décembre mil fept cent vingt-cinq, qui a reçû lefdits Maîtres & Gardes Parties intervenantes, leur a donné Acte de l'emploi porté par leur Requête pour moyens d'intervention & demandes, auroit appointé les Parties en droit, & joint à l'Inſtance; productions des Parties fuivant ledit Arrêt, celle dudit Paſſerat par Requête du onzième Décembre mil fept cent vingt-cinq, celle defdits Maîtres & Gardes par Requête du douze du même mois, & celle dudit Gauchy par Requête du premier Mars mil fept cent vingt-fix, lefdites Requêtes auſſi employées pour avertiſſement, contredits defdits Maîtres & Gardes Limonadiers du onze Mars mil fept cent vingt-fix, contre les productions defdits Paſſerat & Gauchy, fervant auſſi de plus ample avertiſſement, fommation faite aufdits Gauchy & Paſſerat de contredire refpectivement les productions, & celles defdits Maîtres & Gardes Limonadiers; Requête & demande dudit Paſſerat du onze Décembre mil fept cent vingt-cinq, à ce qu'Acte lui fût donné de ce qu'il fommoit & dénonçoit audit Gauchy la demande par lui formée contre lefdits Jurez & Gardes de la Communauté des Maîtres Limonadiers par ſa Requête & Exploit du vingt-fix Octobre mil fept cent vingt-cinq, à ce qu'il n'en ignorât; en conféquence en procedant au Jugement de l'Inſtance d'entre les Parties, fans s'arrêter ni avoir égard à tout ce qui avoit été dit, écrit & produit par ledit Gauchy, & adjugeant audit Paſſerat les fins & conclufions par lui prifes, ledit Gauchy fût condamné en tous les dépens, même en ceux faits par ledit Paſſerat contre les Jurez & Gardes, au bas de laquelle Requête auſſi employée pour écritures & production fur ladite demande, eſt l'Ordonnance de notredite Cour, qui l'a regléc en droit & joint, & donné Acte de l'emploi; Requête dudit Gauchy du deux Mars mil fept cent vingt-fix, employée pour défenſes, avertiſſement, écriture & production fuivant ladite Ordonnance; Requête dudit Paſſerat du onze dudit mois de Mars, employée pour contredits contre la production faite par ledit Gauchy, en exécution de l'Arrêt du troifiéme Décembre précedent, & pour réponſes à

fa Requête du deux Mars ; production nouvelle defdits Jurez &
Gardes des Limonadiers, par Requête du fept Janvier mil fept
cent vingt-fept , & contredits contre icelle dudit Gauchy du douze Janvier mil fept cent vingt-huit ; production nouvelle dudit
Gauchy par Requête du vingt-uniéme Février mil fept cent vingt-
fept , & contredits contre icelle defdits Jurez & Gardes des Maîtres Limonadiers du dix May mil fept cent vingt-huit ; Requête
dudit Pafferat du fept Avril dernier , employée pour contredits
contre la même production nouvelle ; production nouvelle dudit
Pafferat , par Requête du deux Août mil fept cent vingt-fept ;
fommation faite audit Gauchy de la contredire ; autre production
nouvelle defdits Jurez & Gardes des Limonadiers, par Requête
du même jour deux Août mil fept cent vingt-fept ; contredits dudit Gauchy du vingt dudit mois d'Août ; production nouvelle
dudit Gauchy , par Requête du feize Décembre mil fept cent
vingt-fept , ladite Requête contenant aufli demande à ce que
fans s'arrêter à l'intervention defdits Jurez dont ils feroient déboutez, l'appellation & ce dont étoit appel fuffent mis au néant,
émandant la reception de François Pafferat fût déclarée nulle, il
fût ordonné que leurs Statuts & les Lettres Patentes du vingt-huit
Janvier mil fix cent foixante-feize, enregiftrées en notredite Cour
les vingt-huit Mars fuivant ; enfemble les Edits des mois de
Juillet mil fept cent cinq , & Novembre mil fept cent treize ,
pareillement enregiftrez en notredite Cour, feroient exécutez felon leur forme & teneur, & notament l'Article IX. defdits Statuts , en conféquence défenfes fuffent faites de recevoir aucune
perfonne à la Maîtrife , qu'il n'ait fait apprentiffage pendant trois
ans chez un des Maîtres de la Communauté, ni d'éxiger plus
grands droits que ceux portés par lefdits Statuts & l'Edit de mil
fept cent cinq , ledit Gauchy fût déchargé des condamnations
contre lui prononcées par la Sentence dont eft appel , avec dépens, tant des caufes principales que d'appel , & ceux faits fur
l'intervention des Jurez, lefdits Jurez fuffent condamnés aux dépens en leurs propres & privés noms, même en ceux faits par ledit Gauchy contre François Pafferat, fans que lefdits Jurez puiffent les repeter contre la Communauté, au bas de laquelle Requête aufli employée pour écritures & production fur ladite demande , eft l'Ordonnance de notredite Cour qui l'a reglée en
droit & joint , & donné Acte de l'emploi ; contredits dudit Gau-

chy du vingt-neuf Avril mil fept cent vingt-huit , fervant auffi
de falvation aux contredits ; Requête dudit Pafferat du fept dudit mois d'Avril, employée pour défenfes & fins de non-recevoir contre la demande dudit Gauchy du feize Décembre précedent, écriture & production fur icelle ; enfemble pour contredits contre la production nouvelle faite par la même Requête ,
fommation faite aufdits Jurez des Limonadiers de fournir de
défenfes contre ladite demande dudit Gauchy du treiziéme Décembre, écriture & productions fur icelles , enfemble des contredits ladite production nouvelle ; fommation générale des vingt
Mars & cinq Juin mil fept cent vingt-huit , de fatisfaire à tous les
reglemens de l'Inftance : Conclufions de notre Procureur Général : Tout joint & confideré, NOTREDITE COUR faifant droit
fur le tout, a mis & met l'appellation, & ce dont a été appellé ,
au néant, émendant déclare la reception dudit Pafferat du vingt-
deux Janvier mil fept cent vingt-un, nulle ; ordonne que les Statuts de la Communauté des Limonadiers de Paris , les Lettres
Patentes du vingt-huit Janvier mil fix cent foixante-feize, regiftrées en notre Cour le vingt-fept Mars fuivant, l'Edit du mois
de Juillet mil fept cent cinq , regiftré en notredite Cour le vingt-
deux Juillet audit an , & l'Edit du mois de Novembre mil fept
cent treize , regiftré en notre Cour le vingt Décembre audit an ,
feront executés felon leur forme & teneur. Ce faifant, fait défenfes aux Maîtres & Gardes de ladite Communauté de recevoir aucun afpirant à la Maîtrife qu'il n'ait fait apprentiffage
pendant trois ans chez un des Maîtres de ladite Communauté ;
condamne lefdits Maîtres & Gardes de la Communauté des
Limonadiers , à rendre & reftituer audit Pafferat la fomme de
treize cens neuf livres du principal qu'il leur a payé pour être
admis à la Maîtrife, fur le furplus des autres demandes , fins &
conclufions des Parties , les a mis hors de Cour ; condamne
ledit Pafferat & lefdits Maîtres & Gardes des Limonadiers ,
chacun à leur égard , aux dépens envers ledit Gauchy , tant
des caufes principales que d'appel & demande , ceux faits contre ledit Pafferat & lefdits Maîtres & Gardes des Limonadiers
compenfés. Si te mandons de mettre le préfent Arrêt à dûe &
entiere execution felon fa forme & teneur , faire tous Actes
& Exploits foumis à Juftice, requis & néceffaires, de ce faire te
donnons plein & entier pouvoir. Fait & donné à Paris en no-

credite Cour de Parlement, le huitiéme jour de Juin l'an de grace mil fept cent vingt-huit, & de notre Regne le treizieme. *Collationné*, *figné*, BENARD; *Et plus bas*, par la Chambre, *figné*, ISABEAU, avec paraphe; & enfuite eft écrit le dix-huit Juin mil fept cent vingt-huit, fignifié à Maîtres BONNIN & COEUR DE ROY Procureurs en leur domicile, parlant à leurs Clercs, *figné*, GIRAUD, avec paraphe.

# SENTENCE DE POLICE,

## Du 18 Mars 1729.

*Qui fait défenfe aux Maîtres Diftillateurs, Marchands d'Eau de vie & Liqueurs, de loüer ni paffer aucun bail de leur Maîtrife, à qui que ce foit; & qui enjoint aux Jurez & Gardes de ladite Communauté d'y tenir la main, à peine d'en répondre en leurs propres & privez Noms.*

A TOUS ceux qui ces prefentes Lettres verront, Gabriel-Hyerôme de Bullion, Chevalier - Comte d'Eclimont, Meftre de Camp du Regiment de Provence Infanterie, Prévôt de Paris: SALUT; fçavoir faifons. Que fur la Requête faite en Jugement devant Nous, à l'Audience de la Chambre de Police du Châtelet de Paris, par Me. Heller Procureur des Jurez & Gardes de la Communauté des Maîtres Diftillateurs, Marchands d'eaux de vies & de toutes fortes de liqueurs, à Paris; Demandeurs aux fins de la requête verbale, fignifiée le neuf Février; tendante à ce que l'avis du Procureur du Roy du premier dudit mois de Février fut confirmé, en ce que par icelui la faifie faite fur Firmain Poidevin, a été déclarée vallable; Ordonné la confifcation des chofes faifies fur lui au profit de leur Communauté, & fait défenfe de plus entreprendre fur leur métier, vendre de l'eau de vie & des liqueurs, & que fa boutique feroit fermée, fans s'arrêter au bail à lui fait par Jean Barat, l'un des Maîtres de ladite Communauté de fa Maîtrife, qui a été
déclaré

déclaré nul ; & infirmé en ce qu'il n'avoit pas été condamné
en leurs dommages & interêts & en l'amende, avec dépens;
défendeur à l'intervention dudit Barat, & demandeur en infirma-
tion dudit avis & de main-levée de la saisie, avec dommages,
interêts & dépens, attendu qu'il lui étoit licite de louer sa
maîtrise, suivant sa requête verballe, signifiée le 15 dudit
mois de Février; assisté de Me. Frouard leur Avocat, contre
Me. Jean-Baptiste Marié, Procureur dudit Firmin Poidevin,
tenant boutique de Limonadier, sans qualité, en consequence
du bail à lui fait par ledit Barat de sa maîtrise, défendeur, assisté de Me. Chartier son Avocat : Et Me. Claude François Pennet
Procureur dudit Jean Barat Maître Distillateur, Marchand d'eau
de vie, demandeur & intervenant, assisté de Me. Lalliier son
Avocat : lecture faite dudit avis, demande & saisie susdattées ;
NOUS avons reçus la Partie de Lallier, Partie intervenante en
l'Instance, & sans avoir égard à son intervention, avons l'avis
du Procureur du Roy confirmé. Ordonnons que les choses saisies font & demeureront confisquées au profit des Parties de
Frouard. Condamnons les Parties de Lallier & de Chartier
aux dépens : Et après avoir oüi les Gens du Roy en leurs conclusions ; & faisant droit sur icelle, faisons défense à tous les
Maîtres de ladite Communauté de faire bail ni louer leurs maî-
trises à quelque personne que ce soit : Enjoignons aux Jurez de
ladite Communauté de tenir la main à l'execution de notre présente Sentence, à peine d'en être garants & responsables, en
leurs propres & privez noms : Ce qui sera executé sans préjudice
de l'appel. En témoin de ce Nous avons fait sceller ces Présentes. Ce fut fait & donné par Messire René Herault, Chevalier-
Seigneur de Fontaine l'Abbé, Conseiller du Roy en ses Conseils, Lieutenant général de Police, tenant le siege le Mercredy
dix-huit Mars mil sept cent vingt-neuf. Collationné.

*Signé*, TARDIVEAU,

Q

# AUTRE SENTENCE DE POLICE

*Du 19 Juin 1730.*

En faveur de la Communauté des Maîtres Diftillateurs ,
Marchands d'Eau de vie & de toutes fortes de Liqueurs de la Ville , Fauxbourg & Banlieuë de Paris.

*Qui fait défenfes au nommé Cornizy Maître Vinaigrier &
à tous les autres Maîtres Vinaigriers de prêter leurs Noms
& louer leurs Maîtrifes à aucuns Fruitiers , Regratiers
ni autres.*

A TOUS ceux qui ces préfentes Lettres verront, Gabriel-
Jerôme de Bullion, Chevalier, Comte d'Eclimont , Confeiller du Roy en fes Confeils, Prevôt de Paris : Salut Sçavoir faifons. Que fur la Requête faite en Jugement devant nous en la
Chambre de Police du Châtelet de Paris , par Me. Jean Martin
Heller, Procureur des Jurez & Gardes de la Communauté des
Maîtres Diftillateurs, Marchands d'Eaux de vies à Paris , Demandeurs en confirmation de l'avis rendu à leur profit par le Procureur du Roy, le 3 Mars dernier , par lequel la faifie faite fur la
veuve Bellauft étoit déclarée valable ; Ordonné que les Marchandifes fur elle faifies , demeureront confifquées au profit de
leur Communauté, & fait défenfes de plus entreprendre fur leur
métier & pour la contravention, condamnée en vingt livres de
dommages, interêts envers lefdits Jurez & aux dépens ; défendeurs à la demande & intervention portée par la Requête verballe , fignifiée le 6 dudit mois de Mars, & demandeurs en execution de la Sentence du 21 Avril dernier, & aux fins de l'Exploit du 8 May dernier, contrôlé par Piton le 11 , affifté de
Me Frouard leur Avocat , contre Me Paul Bailly Procureur de
Bibianne Richer veuve de Michel Bellauft , fruitiere-regratiere,
défendereffe à ladite faifie & de Jacques Cornify Maître Vinai-

grier intervenant & prenant le fait & caufe de ladite veuve Bel-
lauſt, affiſté de Me. Sandrier leur Avocat & encore ledit Me.
Bailly Procureur des Syndic & Jurez de la Communauté des
Maîtres Vinaigriers à Paris, défendeurs, affiſtés de Me. Duret
leur Avocat; Parties oüies, lecture faite de leurs piéces. NOUS
avons le nommé Cornify l'une des parties de Sandrier reçu partie intervenante en l'inſtance, & fans y avoir égard, Donnons
lettres aux parties de Duret de leurs déclarations de ce qu'elles
n'entendent point foutenir que le nommé Cornify & autres prê-
tent leurs noms & loüent leurs maîtrifes aux parties de Sandrier.
Donnons pareillement lettre à la partie de Frouard de ce qu'ils
n'entendent point empêcher que les Vinaigriers vendent de l'eau
de vie en fe conformant aux Réglemens & en confequence,
avons l'avis du Procureur du Roy confirmé. Ordonnons que
les choſes faiſies feront vendues au Bureau des parties de Me.
Frouard, pour des deniers en provenans être délivré foixante
livres aufdites parties de Frouard, par forme de dommages,
interêts, & le furplus des deniers rendus, à la reprefentation def-
dités choſes faiſies, tous Gardiens & Dépofitaires contrains, quoi
faifant en demeureront déchargez. Condamnons la partie de
Sandrier, en tous les dépens; Ordonnons que notre Sentence
fera imprimée, lûe, publiée & affichée par tout où befoin fera,
ce qui fera executé fans préjudice de l'appel. En témoin de ce
Nous avons fait fceller ces préfentes. Ce fut fait & donné par
Meffire René Herault, Chevalier-Seigneur de Fontaine-l'Abbé,
Conſeiller du Roy en fes Conſeils d'Etat & Privé, Lieutenant
général de Police, de la Ville, Prévôté & Vicomté de Paris, tenant le fiege le Vendredy dix-neuf Juin mil fept cent trente. Collationné. Signé, TARDIVEAU. Scellé le vingt-deux Juin mil fept
cent trente. Signé, LEMAIRE, & fur le dos eft écrit fignifié audit
Bailly à domicile, le vingt-deux Juin mil fept cent trente.

*Signé*, DESOUSLEMONTIER.

# AUTRE SENTENCE DE POLICE,
## du 16 Novembre 1731.

*QUI Ordonne l'exécution des Statuts, Arrêts & Régle-*
*mens de Police, & notamment des Sentences des premir*
*Septembre 1690. & cinquiéme jour de Juin 1722. rendues*
*au sujet des Elections des Jurez & Gardes des Maîtres*
*Distillateurs, Marchands d'Eau de vie, & de toutes sor-*
*tes de Liqueurs à Paris, & qui confirme la forme des Re-*
*ceptions des Aspirans à la maîtrise, fait défenses aux Maî-*
*tres qui ne seront point mandés aux Assemblées par Bil-*
*lets, de se trouver au Bureau les jours ausquels elles se-*
*ront convoquées, & enjoint à ceux qui seront mandez aus-*
*dites Assemblées de s'y comporter avec tranquillité & mo-*
*dération, & de porter honneur & respect aux Jurez &*
*Anciens de la Communauté, à peine de dix livres d'amen-*
*de pour chaque contravention.*

A TOUS ceux qui ces présentes Lettres verront Gabriel-
Jerôme de Bullion, Chevalier, Comte d'Esclimont, Mestre de Camp du Regiment de Provence Infanterie, Conseiller
du Roy en ses Conseils, Prevôt de Paris, SALUT. Sçavoir faisons
que vû par nous René Herault, Chevalier-Seigneur de Fontaine-
l'Abbé, Vaucresson & autres lieux, Conseiller d'Etat, Lieutenant général de Police de la Ville, Prevôté & Vicomté de Paris, la Requête à nous présentée par François Seigneuret, Jean
Laumier, Jerôme Charpentier & Jacques Jourdan, Jurez-Gardes en Charge de la Communauté des Maîtres Distillateurs,
Marchands d'eau de vie & de toutes sortes de liqueurs, esprit
de vin, huille & essence de la Ville & Fauxbourgs de Paris,
expositive que depuis l'établissement de leurdite Communauté
l'on avoit été dans l'usage d'appeller à l'Election qui se fait en
l'Hôtel, & pardevant le Procureur du Roy à la fin d'Août de

chaque année, de deux Gardes d'icelle pour remplacer les deux fortans ; tous les anciens , vingt Modernes & vingt jeunes Maîtres fuivant l'ordre de leur lifte & à leur tour pour donner leurs fuffrages à ladite Election aux termes de la Senten-ce renduë par Monfieur de la Reynie le premier de Septembre 1690. que lorfqu'il fe préfentoit à leurdite Communauté des compagnons ayant fait leur apprentiffage , à l'effet d'être reçus Maîtres Diftillateurs , Marchands d'Eau de vie , ils étoient auffi dans l'ufage de ne point recevoir leurs chefs-d'œuvres qu'en pré-fence de tous les anciens, huit modernes & huit jeunes auffi fui-vant l'ordre de leur lifte & à leur tour. Enfin les prédeceffeurs des Expofans , en leur place de Jurez & Gardes de leur Com-munauté s'étoient affemblez & s'affembloient au Bureau de leur Communauté le Lundy de chaque femaine, à l'effet d'y traiter des affaires inftantes d'icelle, pour être en état d'en faire le rap-port, lorfqu'il étoit queftion que les Maîtres & Marchands de ladite Communauté déliberaffent fur lefdites affaires , que les Expofans étoient dans cet ufage depuis un tems immemorial , à l'exemple de ce qui fe pratiquoit dans les autres Communautés de cette Ville, conformément aux Statuts & Réglemens d'icel-le ; & cela afin de ne point détourner tous les Marchands & Maîtres de chaque Communauté de leur commerce & profef-fion ; comme auffi d'empêcher qu'un grand nombre de Maîtres d'une Communauté n'apportaffent du trouble dans l'affemblée d'icelle, ce qui étant arrivé en l'année 1722. dans le Bureau des Expofans par plufieurs Maîtres de leur Communauté, il leur avoit été par Sentence de Police du 5 Juin de ladite année , fait défenfes de plus méfaire & médire aux Jurez & Gardes , avec injonction de leur porter honneur & refpect, & pour les avoir injuriez , ils auroient été condamnez en trente livres de dommages, interêts, vingt livres d'amende & aux dépens , & auroient été exclus de l'entrée du Bureau de leur Communauté , lefdits Expofans avoient le malheur d'avoir dans le nombre de leurs Maîtres des efprits vifs & turbulens , qui loin de fe com-porter avec tranquilité, s'ingeroient de venir aux Elections des Gardes & au Bureau des Epofans les jours de reception des Maîtres , fans être du nombre des anciens , moderness & jeunes appellez aufdites Elections ou receptions , & même les autres jours que les Expofans y traitoient des affaires de leur Communauté, où ils manquoient de respeɛ̃t envers eux & leurs anciens, & proferoient contre eux tous nombre d'injures, même jusqu'aux invectives atroces, lesdits Exposans qui avoient interêt que le bon ordre fut maintenu dans les assemblées qu'ils faisoient, & que ceux de leur Communauté qui y étoient appellez, se comportassent respectueusement & sans bruit, & que ceux qui n'y étoient point invitez, n'y allassent point, & lesdits Exposans n'esperant y réussir qu'en obtenant notre Jugement. A ces causes, requeroient qu'il Nous plût ordonner que les Sentences & Réglemens de Police susdattez, seroient executez selon leur forme & teneur. Ce faisant que lesdits Exposans & leur successeurs en la charge de Gardes de leur Communauté continueroient de faire proceder à l'Election de deux Gardes de leur Communauté au lieu & place des deux qui sortoient d'exercice à la fin du mois d'Août de chaque année, ainsi qu'il avoit été d'usage jusqu'au jour, tous les anciens Maîtres, vingt jeunes & vingt modernes à tour de rôle, suivant l'ordre du Tableau, pour donner leurs suffrages à ladite Election à laquelle ils seroient invitez par billers signez des Gardes ; ordonner pareillement que lorsqu'il seroit question de la reception des aspirans à la maîtrise & de leurs chefs-d'œuvres à l'effet de ladite reception, ils procederoient ausdits chefs-d'œuvres & receptions desdits aspirans à la maîtrise, en présence des anciens Maîtres de ladite Communauté, de huit modernes & huit des jeunes comme dessus. Faire défenses aux Maîtres autres que ceux qui seroient convoquez par billets signez desdits Gardes pour raison desdites Elections de Gardes, reception des aspirans à la maîtrise, ou autres assemblées pour l'administration des affaires de ladite Communauté, de se trouver & rendre au Bureau les jours ausquels lesdites assemblées seroient indiquées ; enjoindre à ceux qui y seroient appellés, de se comporter avec tranquilité & modération, porter honneur & respect ausdits Maîtres & Gardes en charge & à leurs anciens ; & à cet effet ordonner, en tant que de besoin, l'execution de la Sentence de nous rendue le 2 Juin 1722. Ordonner que lesdits Maîtres appellez ausdites assemblées, donneroient leurs voix, chacun selon l'ordre de leur reception. Défenses à eux de les donner confusément & avant leurs tours, & que lorsqu'ils seroient appellez à cet effet par celui desdits Gardes qui présideroit à ladite assemblée, à peine de trente livres d'amende pour la premiere contravention, & de plus grande

peine, en cas de récidive, & que la Sentence qui interviendroit
sur ladite Requête, seroit regiſtrée ès Regiſtres du Bureau, imprimée, lûe, publiée & affichée en icelui & par tout où il appartiendroit, & exécuté, nonobſtant & ſans préjudice de l'appel, ladite Requête, ſignée Regnard le jeune, Procureur au Châtelet, Procureur de ladite Communauté, notre Ordonnance
étant au bas d'icelle, du neuf Novembre 1731. de ſoit communiqué au Procureur du Roy, ſes Concluſions étant enſuite du 16
deſdits mois & an : Vû auſſi les Sentences ſuſdattées & énon-
cées. Et le tout conſideré, NOUS diſons que les Statuts de la
Communauté des Maîtres Limonadiers-Diſtillateurs à Paris, &
les Sentences & Reglemens de Police & notamment les Sentences des premier Septembre 1690. & 5 Juin 1722. ſeront executées ſelon leur forme & teneur, & en conſéquence Ordonnons
qu'il ſera procédé tous les ans à la fin du mois d'Août de chaque
année, ainſi qu'il eſt d'uſage, à l'Election de deux nouveaux
Jurez de ladite Communauté, au lieu & place de ceux qui auront fait leur tems, à laquelle Election ſeront appellez tous les
anciens Maîtres, vingt modernes & vingt jeunes à tour de rôle,
ſuivant l'ordre du Tableau, qui à cet effet ſeront invitez par billets ſignez des Jurez ; Comme auſſi que lorſqu'il s'agira de la
reception des aſpirans à la maîtriſe & de leurs chefs-d'œuvres,
Il y ſera procédé en la préſence deſdits Jurez, des anciens, de
huit modernes & de huit jeunes, qui ſeront pareillement appellés à tour de rôle, ſuivant l'ordre du Tableau, & invitez par billets ſignez deſdits Jurez, leſquels anciens Maîtres, modernes &
jeunes donneront leurs avis ſelon l'ordre de leur reception, &
lorſqu'ils ſeront appellez par celui des Jurez qui préſidera auſdites aſſemblées ; leur faiſons défenſes leur donner confuſé-
ment & avant leur tour, à peine de dix livres d'amende contre
chacun des contrevenans. Faiſons défenſes à tous Maîtres de ladite Communauté, autres que ceux qui ſeront mandez & convoquez pour leſdites Elections de Jurez, receptions des aſpirans
& autres aſſemblées pour l'adminiſtration des affaires de ladite
Communauté, de ſe trouver & rendre audit Bureau les jours
auſquels leſdites aſſemblées ſeront convoquées. Enjoignons à
ceux qui ſeront mandez auſdites aſſemblées de ſe comporter avec
tranquilité & modération, & de porter honneur & reſpect auſdits Jurez & anciens à peine de dix livres d'amende contre chacun des contrevenans. Permettons auſdits Expoſans de faire

tranfcrire fur le Regiftre de ladite Communauté, imprimer, publier, & afficher, au Bureau d'icelle, & par tout où befoin fera, la préfente Sentence, laquelle fera executée nonobftant & fans préjudice de l'appel. En témoin de ce nous avons fait fceller ces préfentes. Ce fut fait & donné par Nous Juge fufdit le feize Novembre mil fept cent trente-un. Collationné.

*Signé*, TARDIVEAU.

## AUTRE SENTENCE DE POLICE,
### Du 4 Janvier 1732.

*Q U I déclare valable la faifie faite fur Anne Robert, vendant Eau de Vie & Liqueurs fans qualité : lui fait défenfes & à tous autres d'injurier & maltraiter les Jurez-Gardes-Limonadiers & les Officiers qui les accompagnent dans leurs vifites, à peine de 100 livres d'amende, même d'être procedé contre eux extraordinairement & pour l'infulte à eux faite par ladite Robert, la condamne en 100 livres de dommages & interêts, 20 liv. d'amende & aux dépens.*

A TOUS ceux qui ces préfentes Lettres verront, Gabriel-Jerôme de Bullion, Chevalier-Comte d'Efclimont, Meftre de Camp du Regiment de Provence Infanterie, Confeiller du Roy en fes Confeils, Prevôt de Paris: SALUT. Sçavoir faifons, que fur la Requête faite en jugement devant nous à l'Audiance de la Chambre de Police du Châtelet de Paris, par Me. Armand Regnard le Jeune, Procureur des fieurs François Seigneuret, Jean Laumier, Hierôme Charpentier & Jacques Jourdan, Jurez-Gardes en charge de la Communauté des Maîtres Diftillateurs Marchands d'Eau de vie & de toutes fortes de liqueurs à Paris, Demandeurs aux fins de l'affignation du 16 Novembre dernier, faite par Rouffel Huiffier à Cheval en cette Cour, contrôlée & préfentée, tendante à ce que l'avis de M. le Procureur du Roy du 6. Novembre dernier, portant validité de la faifie faite fur le ci-après nommé le trente Octobre précédent, de plufieurs

liqueurs

liqueurs qu'elle vendoit fans qualité ; confifcation d'icelle défenfes de récidiver & fermeture de Boutique avec dommages,
interêts, amende & dépens, fut confirmé pour être executé felon
fa forme & teneur ; & encore Demandeurs aux fins de la Requête à nous préfentée le 12 Décembre fuivant de notre Ordonnance étant enfuite, portant acte de la plainte rendue par ladite
Requête contre ladite ci-après nommée & affignation donnée en
conféquence le 15 par ledit Rouffel, auffi contrôlée & préfentée auffi à ce que défenfes lui fuffent faites, ainfi qu'à tous autres
d'injurier ni maltraiter lefdits demandeurs non plus que les Officiers qui les accompagnent lorfqu'ils font en vifite, ou fe tranf-
portent pour faifir les Marchandifes qu'ils trouvent vendre fans
qualité, en contravention à leurs Statuts & ce à peine de mille
livres d'amende & d'être procedé contre eux extraordinairement, & que pour, par icelle ci-après nommée, avoir injurié
& maltraité lefdits demandeurs, qu'elle fut condamnée en 1000.
livres de dommages, interêts, en l'amende, que notre Sentence
qui intervindroit fut imprimée, lûe, publiée & affichée par tout
où befoin feroit, fauf à M. le Procureur du Roy à prendre pour
la vindicte publique telles conclufions qu'il aviferoit avec dépens, contre Anne Robert Marchande de Tabac, faifant la
profeffion defdits Demandeurs fans titre ni qualité, Défendreffe
& défaillante : oüi ledit Maître Regnard en fon plaidoyer, & par
vertu du défaut de Nous donné contre ladite Robert, non com-
parante, ni Procureur pour elle duement appellé, lecture faite
dudit procès verbal de faifie contenant rebellion & autres
piéces : NOUS avons l'avis du Procureur du Roy confirmé,
& en confequence avons la faifie faite fur la défaillante déclarée bonne & valable, ordonnons que l'Eau de vie, Liqueur & autres chofes fur elle faifies, demeureront confifquées
au profit de la Partie de Regnard, à la repréfentation ou de la
valeur, fera ladite Partie défaillante contrainte ; lui faifons défenfes de plus entreprendre fur la profeffion de la Communauté d'icelle Partie de Regnard, vendre ni débiter aucune Eau de
vie, liqueurs ni autres marchandifes de leur état, à l'effet de quoi
difons que la Boutique fera fermée à fes frais & dépens, à la
requête & diligence d'icelles Parties de Regnard ; faifons en
outre défenfes à ladite Robert défaillante & à tous autres d'injurier ni maltraiter lefdites Parties de Regnard, non plus que les
Officiers & autres qui les accompagnent lors de leurs vifites

R

ou tranfport, à l'effet de faire perquifition & faifir les marchandifes qu'ils vendront & débiteront fans qualité , & ce à peine de 100 livres d'amende , même d'être procédé contr'eux extraordinairement & pour la contravention commife par ladite défaillante , & avoir injurié & maltraité lefdites Parties de Regnard, la condamnons en 100 livres de dommages & intérêts envers eux , en vingt livres d'amende & en tous les dépens : fera notre préfente Sentence imprimée , lûe, publiée & affichée par tout où befoin fera & notamment à la porte de ladite défaillante à fes frais & dépens , ce qui fera exécuté nonobftant & fans préjudice de l'appel , en témoin de ce , nous avons fait fceller ces préfentes : Ce fut fait & donné par Meffire René Herault Chevalier , Seigneur de Fontaine-l'Abbé , Confeiller d'Etat, Lieutenant général de Police de la Ville , Prevôté, Vicomté de Paris , y tenant le fiége , le Vendredy quatre Janvier mil fept cent trente-deux. Collationnée. Signé , CUIRET, & fcellée le 28 Janvier mil fept cent trente-deux. Signé, DOYARD, & fignifiée le quatriéme Février mil fept cent trente-deux. Signé, ROUSSEL, & contrôlée. Signé, BOUVET.

# AUTRE SENTENCE DE POLICE,
## du 23 Avril 1732.

*QUI ordonne l'execution d'une Sentence rendue par M. le Lieutenant Général de Police, le 23 Mars 1708. au sujet des Garçons Limonadiers qui quitteront les Maîtres où ils seront sans les avertir, & en conséquence fait défenses à tous Maîtres de la Communauté des Maîtres Distillateurs Marchands d'Eau-de-vie & autres Liqueurs à Paris, de recevoir aucuns Garçons sortant de chez les Maîtres de la Communauté, qu'ils ne leur rapportent le consentement par écrit des derniers Maîtres de chez lesquels ils sortiront, avec un Certificat de leurs bonnes vie & mœurs, du tems qu'ils auront servi chez eux, & aux Garçons de quitter le service de leurs Maîtres sans les avertir auparavant, à peine de dix livres d'amende contre chacun des Maîtres & Garçons contrevenans.*

A TOUS ceux qui ces présentes Lettres verront : Gabriel-Jerôme de Bullion, Chevalier, Comte d'Esclimont, Mestre de Camp du Regiment de Provence Infanterie, Conseiller du Roi en ses Conseils, Prévôt de Paris : SALUT. Sçavoir faisons : Que vû par nous René Herault, Chevalier, Seigneur de Fontaine-l'Abbé, Vaucresson & autres lieux, Conseiller d'Etat, Lieutenant Général de Police de la Ville, Prévôté & Vicomté de Paris, la Requête à Nous présentée par François Seigneuret, Jean Laumier, Jerôme Charpentier & Jacques Jourdan, Maîtres Distillateurs Marchands d'Eau-de-vie, & de toutes sortes de Liqueurs à Paris, Jurez Gardes en Charge de leur Communauté, expositive, que par Sentence de Police rendue le 23 Mars 1708. il étoit fait défenses aux Maîtres de leur Communauté de prendre aucuns Garçons de leur profession sans avoir le congé du Maître dont le Garçon quitteroit le service, & ausdits Garçons de quitter le service des Maîtres sans les en avoir averti, que cette Sentence

R ij

avoit été ordonnée être enregistrée ès regiſtres de leur Communauté, que pendant quelques années elle avoit eu ſon exécution à l'avantage des Maîtres de ladite Communauté; mais comme la plus grande partie de ceux reçûs avant ladite Sentence négligeoient de l'exécuter ſous pretexte du laps de tems qui s'étoit écoulé depuis icelle juſqu'à préſent; & que ceux reçûs depuis s'autoriſoient du mauvais exemple de leurs prédeceſſeurs Maîtres, les expoſans auſquels la diſcipline de leur Communauté étoit confiée, étoient obligés d'avoir recours à Nous pour donner une nouvelle vigueur à cette Sentence qui faiſoit la ſureté des Maîtres, le repos des Garçons, & conſtatoit d'autant le ſervice qu'ils devoient faire après leur apprentiſſage, à ces Cauſes leſdits Expoſans requeroient qu'il nous plût, vû ladite Sentence, ordonner qu'elle ſeroit exécutée ſelon ſa forme & teneur; & en conſéquence faire défenſes aux Maîtres de la Communauté des Expoſans, de recevoir aucuns Garçons ſortans de chez un de leurs Maîtres, qu'ils n'ayent ſon conſentement par écrit, contenant certificat de ſes bonnes vie & mœurs & le tems qu'il auroit ſervi, & auſdits Garçons de quitter le ſervice des Maîtres ſans les en avertir à peine de 20 liv. d'amende contre chacun deſdits Maîtres & Garçons, & que ſi aucuns Maîtres étoient refuſans de ce faire, permettre aux Garçons d'en porter leurs plaintes aux Jurez & Gardes en leur Bureau où leſdits Maîtres ſeroient mandez pour dire les cauſes de leurs refus; & faute par eux de le faire autoriſer leſdits Jurez & Gardes à donner leur conſentement auſdits Garçons de ſe pourvoir d'autres Maîtres, ſans pouvoir être inquietez par les Maîtres d'où ils ſeroient ſortis, & ordonner que notre Sentence qui interviendroit ſur ladite Requête ſeroit regiſtrée ès Regiſtres de ladite Communauté, lûe au Bureau d'icelle à la premiere aſſemblée générale, imprimée & affichée où beſoin ſeroit, & exécutée nonobſtant oppoſitions ou appellations quelconques, pourquoi ne ſeroit diferé, ladite Requête ſignée Regnard le jeune, Procureur au Châtelet, notre Ordonnance étant au bas d'icelle en datte du huit Avril mil ſept cent trente-deux, de ſoit communiqué au Procureur du Roi, ſes concluſions étant enſuite du neuf Avril mil ſept cent trente-deux. Vû auſſi la ſuſd. Sentence du vingt-trois Mars mil ſept cent huit; & le tout conſideré, NOUS diſons que la ſuſdite Sentence ſera exécutée ſelon ſa forme & teneur; & en conſéquence faiſons défenſes à tous Maîtres de la Communauté des Maîtres Diſtillateurs Marchands d'Eau-de-vie

& autres Liqueurs à Paris, de recevoir aucuns Garçons fortans de chez les Maîtres de ladite Communauté, qu'ils ne leur rapportent le confentement par écrit des derniers Maitres de chez lefquels ils fortiront, avec un certificat de leurs bonnes vie & mœurs & du tems qu'ils auroient fervi chez eux, & aufdits Garçons de quitter le fervice de leurs Maîtres fans les avertir auparavant, à peine de 10 liv. d'amende contre chacun des Maîtres & Garçons contrevenans ; & en cas de refus de la part defdits Maîtres de donner aufdits Garçons lefdits certificats & confentemens, lefdits Garçons pourront fe pourvoir pardevers les Jurez en Charge de ladite Communauté qui manderont lefdits Maîtres en leur Bureau pour dire les caufes de leur refus, & faute par lefdits Maîtres de le faire, lefdits Jurez feront autorifés à donner leurs confentemens aufdits Garçons de fe pourvoir d'autres Maîtres, fans pouvoir lefdits Garçons être inquietez ni recherchez par les mêmes Maîtres d'où ils feront fortis : Ordonnons que la préfente Sentence fera à la diligence des Expofans enregiftrée fur les Regiftres de la Communauté, lûe au Bureau d'icelle, même imprimée, publiée & affichée audit Bureau & par tout où befoin fera, ce qui fera exécuté nonobftant & fans préjudice de l'appel, en témoin de ce nous avons fait fceller ces Préfentes, ce fut fait & donné par nous Juge fufdit le 23 Avril 1732. Collationné, *Signé*, CUIRET, & fcellé le 16 May 1732. *Signé*, DOYARD.

---

# AUTRE SENTENCE DE POLICE,
## du 18 Juillet 1732.

*QUI déclare valable la faifie faite fur François Richard, Marchand Epicier, des Ratafiats & Liqueurs qu'il vendoit & avoit en fa maifon, en prononce la confifcation au profit des Jurez Gardes Limonadiers, avec vingt livres de dommages, intérêts, 5 liv. d'amende & dépens, & fait défenfes aud. Richard & à tous autres Marchands Epiciers de vendre aucuns Ratafiats & Liqueurs, fous plus grandes peines.*

A TOUS ceux qui ces préfentes Lettres verront : Gabriel Jerôme de Bullion, Chevalier Comte d'Efclimont, Meftre de Camp du Regiment de Provence Infanterie, Conseiller du Roi en ses Conseils, Prévôt de Paris : SALUT. Sçavoir faisons que sur la Requête faite en Jugement devant nous à l'Audience de la Chambre de Police du Châtelet de Paris, par Me. Regnard le Jeune Procureur des Jurez en Charge de la Communauté des Maîtres Distillateurs Marchands d'Eau-de-vie, & de toutes sortes de Liqueurs, de la Ville, Fauxbourgs & Banlieuë de Paris, ayant fait saisir sur les ci-après nommez, des Marchandises & Effets trouvés en contravention, suivant le Procès verbal fait par Roussel Huissier à Cheval, du dix-sept Juin dernier, controllé à Paris le 20, par Bouvet, & Demandeur suivant l'assignation donnée en conséquence, & par le même Procès verbal sur laquelle ils se sont presentés afin d'exécution des Statuts de leur Communauté, Sentences de Police & Reglemens intervenus en conséquence, validité de ladite saisie, confiscation des Marchandises & Effets saisis à leur profit personnel, avec amende, dommages, interêts & dépens, publication de notre Sentence & autres fins, contre Me. Perrot, Procureur du Sieur François Richard, Marchand Epicier à Paris, vendant Ratafiats, sans qualité & Défendeur audit Exploit, Parties oüies, sans que les qualités puissent nuire ni préjudicier. NOUS disons que les Statuts des Parties de Regnard, Arrêts Sentences & Reglemens de Police rendus en conséquence, seront exécutés selon leur forme & teneur ; ce faisant avons la saisie faite sur la partie de Perrot, à la Requête des Parties de Regnard, des Ratafiats & Liqueurs qu'elle vendoit & débitoit, & avoit en sa maison, déclaré bonne & valable, les avons confisquées au profit personnel desdites Parties de Regnard, faisons défenses à ladite partie de Perrot de récidiver & à tous autres Marchands Epiciers d'entreprendre sur ladite profession desdites Parties de Regnard, de vendre & débiter aucuns Ratafiats & Liqueurs sous plus grande peine, pour la contravention commise par ladite partie de Perrot, la condamnons en vingt livres de dommages & interêts envers lesdites Parties de Regnard, en cinq livres d'amende & aux dépens ; & sera la présente Sentence imprimée, publiée & affichée où besoin sera, ce qui sera exécuté, nonobstant & sans préjudice de l'appel, en témoin de ce nous avons fait sceller ces Présentes ; ce fut fait & donné par Messire René Herault, Chevalier Seigneur de Fontaine-l'Abbé & autres lieux, Conseiller d'Etat, Lieutenant Général de Police de la Ville, Prévôté & Vicomté de Paris, tenant le Siége le Vendredy dix-

huit Juillet mil sept cent trente-deux. *Signé*, CUIRET. Collationné & Scellé. *Signé*, DOYARD. Controllé, *Signé*, LEMAIRE; &
signifié à Me. Perrot à domicile, le trente Juillet mil sept cent
trente-deux.

---

## AUTRE SENTENCE DE POLICE,
### du Vendredy 16 Janvier 1733.

*QUI ordonne l'exécution de celle de Reglement du 16. No-*
*vembre 1731. donne Lettre aux Jurez-Gardes de la Com-*
*munauté des Maîtres Distillateurs & Marchands d'Eau-*
*de-vie à Paris, de se trouver au Bureau de leur Commu-*
*nauté les Lundis de chaque Semaine, & d'y admettre les*
*Modernes & Jeunes Maîtres l'un après l'autre pour y payer*
*les Droits dûs au Roi, la Capitation,& recevoir leurs plain-*
*tes: Fait défenses ausdits Modernes & Jeunes d'entrer au-*
*trement que l'un après l'autre dans ledit Bureau, ni d'y*
*faire & occasionner du bruit, même de s'attrouper à la*
*porte d'icelui tumultueusement, leur enjoint de porter hon-*
*neur & respect aux anciens Jurez & Gardes, le tout à*
*peine de dix livres d'amende.*

A TOUS ceux qui ces présentes Lettres verront : Gabriel-
Jerôme de Bullion, Chevalier, Comte d'Esclimont, Mestre
de Camp du Regiment de Provence Infanterie, Conseiller du
Roi en ses Conseils, Prévôt de Paris : SALUT. Sçavoir faisons que
sur la Requête faite en Jugement devant nous à l'Audience de la
Chambre de Police du Châtelet de Paris, par Me. Armand Regnard le Jeune Procureur de Jerôme Charpentier, Jacques Jourdan, François-Joseph Joannes & Augustin Garnotelle, Jurez &
Gardes en Charge de la Communauté des Maîtres Distillateurs,
Marchands d'Eau-de-vie, & de toutes sortes de Liqueurs à Paris, Défendeurs à l'Exploit du quatre Mars mil sept cent trente-
deux, présenté & concluant à ce que la Sentence de Reglement
du seize Novembre mil sept cent trente-un, fût exécutée selon

fa forme & teneur ; ce faifant les ci-après nommez déboutez de
leurs demandes avec dépens ; affiftez de Me. Frouart leur Avocat, contre Me. Oblin Procureur, Eftienne Pinon, Jean-Baptifte Nochez, Jean-Claude Weillet & Gilles Regnier & Conforts,
tous Maîtres Diftillateurs, Marchands d'Eau-de-vie à Paris ; Demandeurs aux fins dudit Exploit, & Défendeurs, affiftez de Me.
Duret leur Avocat. Parties oüies, lecture faite de leurs piéces &
de ladite Sentence, fans que les qualitez puiffent nuire ni préjudicier ; NOUS difons que notre Sentence du feize Novembre
mil fept cent trente-un, fera exécutée felon fa forme & teneur ; en
conféquence donnons Lettres aux Parties de Froüard, de leurs
offres de fe trouver au Bureau de leur Communauté les Lundis
de chaque femaine, & d'y admettre & recevoir les Modernes
& Jeunes Maîtres l'un après l'autre, pour y payer & recevoir les
droits dûs au Roi & la Capitation ; comme auffi pour y recevoir
leurs plaintes ; ce faifant, difons que lefdites Parties de Froüart
fe trouveront en leurdit Bureau, lefdits jours aufdites fins ; Faifons défenfes aufdits Modernes & Jeunes Maîtres d'entrer autrement que les uns après les autres dans ledit Bureau, ni d'y faire
& occafionner du bruit, même de s'attrouper à la porte d'icelui
tumultueufement ; Seront tenus en outre lefdits Modernes & Jeunes Maîtres de porter honneur & refpect aux anciens, Jurez &
Gardes, le tout à peine de dix livres d'amende, dépens néanmoins compenfés entre les Parties, que celles de Froüart pourront employer en frais dans leurs comptes : & fera la préfente
Sentence imprimée & affichée au Bureau & infcrite dans le Regiftre des Déliberations, & diftribuée aux Maîtres de ladite Communauté ; ce qui fera exécuté fans préjudice de l'appel. En témoin
de ce nous avons fait fceller ces Préfentes. Ce fut fait & donné
par Meffire Rerié Herault, Chevalier, Seigneur de Fontaine-
l'Abbé, Confeiller d'Etat, Lieutenant Général de Police de la
Ville, Prévôté & Vicomté de Paris, y tenant le Siége le Vendredy feize Janvier mil fept cent trente-trois. *Signé par collu-
fion,* CUIRET, *& Scellé.*

*Et au dos eft écrit à Me.* OBLIN, *à domicile, le neuf Février mil
fept cent trente-trois.*

ARREST

# ARREST DU CONSEIL D'ETAT DU ROY,
## du 21 Avril 1733.

*QUI ordonne l'exécution d'une Sentence de Police du 18.*
*Juillet 1732. nonobstant l'Appel interjetté d'icelle par les*
*nommez Richer, Jarry, Dauphin & Consors, Epiciers ;*
*en conséquence permet à la Communauté des Marchands*
*Limonadiers, conformément à l'Edit du mois de Novembre*
*1713. de rembourser quand bon lui semblera, ausdits Ri-*
*cher, Jarry, Dauphin & Consorts, Marchands Epiciers,*
*qui ont acquis partie de cinq cens Priviléges créés par Edits*
*du mois de Septembre 1706. la somme qu'ils ont payée,*
*tant pour la Finance que pour les deux sols pour livre ; &*
*ordonne qu'au moyen du remboursement, lesdits Priviléges*
*demeureront éteints & supprimés ; & que les pourvûs d'i-*
*ceux feront tenus, de rapporter lesdites Quittances au Bu-*
*reau des Limonadiers, pour être bâtonnées.*

### EXTRAIT DES REGISTRES DU CONSEIL D'ETAT.

VEU par le Roi en son Conseil, la Requête présentée par les Jurez-Gardes de la Communauté des Maîtres Limonadiers, Marchands Distillateurs d'Eau-de-vie & autres Liqueurs
de la Ville & Fauxbourgs de Paris ; Contenant, que par Edit
du mois de Décembre mil sept cent quatre, Sa Majesté supprima la Communauté des Limonadiers, & fit défenses aux Maîtres
qui la composoient, de vendre de l'Eau-de-vie, Esprit de Vin
& autres Liqueurs, à peine de confiscation & de mille livres d'a-
mende, sauf à pourvoir au remboursement des sommes payées
à Sa Majesté par ladite Communauté, au lieu de laquelle Sa Majesté créa par le même Edit cent cinquante Priviléges héréditaires de Marchands Limonadiers, Vendeurs d'Eau-de-vie, Esprit
de Vin & autres Liqueurs, pour exercer ladite Profession, à l'exclusion desdits Limonadiers & de tous autres ; mais que la Com-

S

munauté des Limonadiers ayant offert de payer à Sa Majesté la
somme de deux cens mille livres, outre & par-dessus celle de cent
une mille livres qu'ils lui avoient ci-devant payée, Sa Majesté ac-
cepta leurs offres, & révoqua l'Edit du mois de Décembre mil
sept cent quatre, par celui du mois de Juillet mil sept cent cinq,
en exécution duquel ils payerent la somme de soixante-treize mille
trois cent trente-trois livres six sols huit deniers à Jean l'Ecuyer,
chargé de l'exécution de l'Edit du mois de Décembre mil sept
cent quatre; & celle de vingt-quatre mille livres pour employer
aux travaux de la Riviere d'Eure; & nonobstant ces payemens,
l'Edit du mois de Juillet mil sept cent cinq, fut révoqué, & la
Communauté des Limonadiers de nouveau supprimée par un
troisiéme Edit du mois de Septembre mil sept cent six, par lequel Sa Majesté créa cinq cens Priviléges héréditaires de Marchands d'Eau-de-vie, Esprit de Vin & autres Liqueurs, avec faculté aux Acquereurs de vendre ces Marchandises & ces Liqueurs, à l'exclusion de tous autres. Cet Edit ne procura pas à
Sa Majesté tout ce qu'elle en avoit attendu, l'Ecuyer n'ayant pû
vendre que cent trente-huit Priviléges, dont trente furent acquis
par des Marchands Epiciers & par des Maîtres Vinaigriers, quarante-cinq par des personnes sans qualité, & soixante-douze par
des Maîtres de la Communauté supprimée, & n'ayant fourni au
Trésor Royal que cent six mille huit cent-soixante-quinze livres,
cette nouvelle suppression obligea la Communauté des Limonadiers de recourir à Sa Majesté, & de la supplier de pourvoir à leur
remboursement, pour les mettre à couvert des contraintes que
leurs Créanciers exerçoient contre les Maîtres, tant anciens que
nouveaux, qui composoient leur Communauté avant sa suppression. Sa Majesté touchée des raisons des Supplians, rendit un
quatriéme Edit au mois de Novembre mil sept cent treize, qui
révoqua celui du mois de Septembre mil sept cent six, ordonna
que celui du mois de Juillet mil sept cent cinq, seroit exécuté
selon sa forme & teneur, rétablit la Communauté des Limonadiers en l'état où elle étoit avant l'Edit du mois de Décembre
mil sept cent quatre, la déchargea & la tint quitte de la somme
de trente-neuf mille sept cent quatre-vingt-onze livres, qui re-
stoient à payer des deux cent mille livres, & des deux sols pour
livre, en exécution de l'Edit du mois de Juillet mil sept cent
cinq, ordonna que les Epiciers, Vinaigriers, particuliers sans

qualité, & anciens Maîtres Limonadiers qui avoient acquis des Priviléges, en reprefenteroient les quittances de finances aux Jurez, pour être par eux vifées, & en être dreffé un état qui feroit remis au Sieur Lieutenant Général de Police, & de lui paraphé, afin que le montant defdites quittances demeura fixe, & que jufqu'au remboursement de ce que les Epiciers ou Vinaigriers avoient payé fur le prix defdits Priviléges, tant en principal que deux fols pour livre, ils pourroient les exercer librement, & joüir de toutes les prérogatives qui leur étoient attribuées par l'Edit de création, & par les Arrêts rendus en conféquence, fi mieux ils n'aimoient que la Communauté des Limonadiers leur en fît la rente; qu'il réfulte de cette derniere difpofition, que Sa Majefté a laiffé aux Limonadiers la faculté de rembourfer, lorfque bon leur femblera, aux Epiciers & aux Vinaigriers qui ont acquis des Priviléges, les fommes qu'ils ont payées, tant en principal que deux fols pour livre, & de faire ceffer par rembourfement la joüiffance de ces Priviléges; que c'eft pour ufer de cette faculté que la Communauté des Limonadiers fit faire des offres aux Epiciers & aux Vinaigriers les huit & dix Octobre mil fept cent vingt, en Billets de Banque, dont la prefcription étoit annoncée pour le premier Novembre fuivant; mais des offres faites dans des effets fi défavorables, ne trouverent aucune confidération, par Sentence rendue fur délibéré par le Sieur Lieutenant Général de Police le vingt-deux Avril mil fept cent vingt-un, les Supplians furent déboutés de leurs offres & demande avec dépens; les chofes font reftées en cet état jufqu'au vingt Mars mil fept cent trente-un, que le fieur Jerôme Richer Marchand Epicier, proprietaire de l'un des trente-un des Priviléges vendus aux Epiciers & Vinaigriers, abufant de ce Privilége, la Communauté des Limonadiers a pris le parti de lui faire faire des offres réelles en loüis d'or & d'argent le vingt Mars mil fept cent trente-un, de la fomme d'onze cens livres par lui payée, tant pour la finance de fon Privilége que pour les deux fols pour livre; & elle l'a en même tems fommé de lui en donner quittance, de ceffer de faire le commerce d'Eau-de-vie & autres Liqueurs, qu'il faifoit en vertu du même Privilége, & de rapporter à la Communauté la quittance de finance pour être bâtonnée, conformément à l'Edit de mil fept cent treize, le fieur Richer ayant refufé ces offres, la Communauté des Limonadiers a préfenté fa Requête au Sieur Lieutenant Gé-

néral de Police, pour les faire réalifer à l'Audience, & les faire
déclarer bonnes & valables. Richer a été affigné aux fins de cette
Requête le trois Avril de la même année mil fept cent trente-un,
les Sieurs Dauphin, Drouet, Jarry, Geret, Bourgeois, veuve
Convereau & Confors, tous propriétaires de pareils Priviléges,
font intervenus en l'Inftance, & ils ont foûtenu que l'Edit de
mil fept cent treize ne chargeoit pas la Communauté des Limonadiers de les rembourfer ; que c'étoit à Sa Majefté feule qui
avoit reçû leur finance, à faire ce remboursement, & que la
Sentence du Sieur Lieutenant Général de Police, du vingt-deux
Avril mil fept cent vingt-un, avoit jugé que la Communauté des
Limonadiers étoit fans action, & non recevable, puifqu'elle les
avoit déboutés des offres qu'elle avoit faites en mil fept cent vingt,
dont ils ont conclu que jufqu'à ce qu'il plût à Sa Majefté de les
rembourfer, ils étoient en droit de jouir de leurs Priviléges créés
héréditaires par l'Edit de mil fept cent fix ; que la Communauté
des Limonadiers a foûtenu au contraire, que l'Edit de mil fept
cent cinq l'ayant affujetie à payer fuivant fes offres, une fomme
de deux cens mille livres, & les deux fols pour livre, & Sa Majefté ayant par l'Edit de mil fept cent treize, pris en payement
de partie de cette fomme les finances payées par les Acquereurs
des cent trente-huit Priviléges vendus, c'étoit à la Communauté
à rembourfer fes Acquereurs, puifque les fommes qu'ils avoient
payées, avoient tourné à fon profit; que par l'Edit de mil fept
cent treize, Sa Majefté chargeoit la Communauté des Limonadiers de payer aux Epiciers & aux Vinaigriers Acquereurs des
Priviléges, la rente de leur finance, & des deux fols pour livre;
en forte qu'étant chargé expreffément du payement de la rente,
ils l'étoient néceffairement de celui du principal qui la produi-
foit; que la prefcription des Billets de Banque offerts en mil fept
cent vingt, avoit feule déterminé le Sieur Lieutenant Général
de Police à débouter cette Communauté de fes premieres offres ;
mais que ce motif ceffoit aujourd'hui par la réalité des efpeces
offertes. D'où elle a conclu qu'elle étoit en droit de rembourfer les Epiciers & les Vinaigriers toutes les fois que bon lui fem-
bleroit, & par une conféquence néceffaire, que les offres par
elle faites, devoient être déclarées bonnes & valables. Le Sieur
Lieutenant Général de Police a reconnu la juftice des moyens
de cette Communauté, & par fa Sentence contradictoire du dix-

huit Juillet mil fept cent trente-deux , fans avoir égard à l'intervention défdits Dauphin & Confors , dont ils ont été déboutés ,
il a déclaré les offres d'onze cens livres faites par ladite Communauté au fieur Richer bonnes & valables , a ordonné qu'il feroit
tenu de les recevoir ; enfemble les frais de reception , fi aucun y
en avoit , lui a fait défenfes de plus à l'avenir fe fervir dudit Privilége , à peine de faifie , confifcation & de tous dépens , dommages & interêts ; & il a enfin ordonné que ledit Richer rappor-
teroit ledit Privilége au Bureau de la Communauté pour y être
batonné , conformément à l'Edit de mil fept cent treize , quoique
les difpofitions de cette Sentence foient entierement conformes
à celle de l'Edit du mois de Novembre mil fept cent treize , lefdits Richer , Dauphin & Confors , en ont interjetté appel au Parlement de Paris par deux Actes différens , & ils ont fait affigner la
Communauté pour proceder fur ces deux appels , par Exploit
des huit & vingt-trois Août mil fept cent trente-deux ; mais comme la décifion de ces appellations dépend uniquement de l'inter-
prétation de l'Edit du mois de Décembre mil fept cent treize ,
& que Sa Majefté peut feule expliquer fi fon intention a été que
les Epiciers & Vinaigriers qui ont acquis trente-un des cinq cens
Priviléges créés par l'Edit du mois de Septembre mil fept cent
fix , foient rembourfés , tant de leur finance que des deux fols pour
livre , par Sa Majefté , ou par la Communauté des Limonadiers ;
ladite Communauté a cru que pour éviter la longueur des procedures , elle devoit recourir à Sa Majefté , & la fupplier très-humblement d'expliquer fes intentions fur l'exécution de l'Edit du
mois de Novembre mil fept cent treize ; que dans ces circonftances ladite Communanté fupplioit Sa Majefté d'expliquer , en tant
que befoin , fon Edit du mois de Novembre mil fept cent treize ;
ce faifant , déclarer que fon intention eft , que la Communauté
des Limonadiers puiffe rembourfer les trente-un Priviléges , faifant partie des cinq cens , créés par l'Edit du mois de Septembre
mil fept cent fix , qui ont été acquis par des Epiciers & Vinaigriers , ou autres ; en conféquence fans avoir égard à l'appel interjetté par lefdits Richer & Confors , de la Sentence du Sieur
Lieutenant Général de Police du dix-huit Juillet mil fept cent
trente-deux , déclarer bonnes & valables les offres faites par ladite
Communauté à Jerôme Richer Marchand Epicier , le vingt Mars
mil fept cent trente-un , de la fomme de onze cens livres pour

le remboursement, tant de la finance que des deux sols pour livre, payée par ledit Richer, pour l'un des cinq cens Priviléges
créés par Edit du mois de Septembre mil sept cent six : Ordonner que ledit Richer sera tenu de recevoir lesdites onze cens livres ; ensemble les frais de reception, si aucun il en a payé, &
d'en donner quittance sur la premiere sommation qui lui en sera
faite ; sinon permettre à ladite Communauté de les consigner entre les mains du Receveur des Consignations sur la quittance duquel elle en demeurera bien & valablement quitte & déchargée ;
ordonner en outre, que ledit Richer cessera de jouir dudit Privilége, & de faire le commerce d'Eau-de-vie, Esprit de Vin &
autres Liqueurs, à compter du jour de la signification de l'Arrêt
qui interviendra sur la présente Requête, à peine de saisie, consis-
cation des marchandises & des ustenciles, cinq cens livres d'a-
mende & de tous dépens, dommages & interêts, & qu'il sera tenu de rapporter son Privilége au Bureau de la Communauté pour
y être batonné, trois jours après la signification dudit Arrêt ; sinon contraint même par corps, permettre au surplus à ladite Communauté de rembourser, lorsque bon lui semblera, ausdits Dauphin & Consors, & aux autres Marchands Epiciers & Maîtres
Vinaigriers qui ont acquis partie des cinq cens Priviléges créés
par l'Édit du mois de Septembre mil sept cent six, les sommes
qu'ils ont payées, tant pour la finance desdits Priviléges que pour
les deux sols pour livre ; ordonner que ceux ausquels le remboursement sera offert, seront tenus de le recevoir, d'en donner quittances, & de rapporter leur Privilége au Bureau de ladite Communauté, pour y être aussi batonné ; & faute de recevoir les deniers, lui permettre de les consigner ; quoi faisant, déchargé,
faire inhibitions & défenses à ceux desdits Epiciers & Vinaigriers
ausquels le remboursement aura été offert, de se servir de leurs
Priviléges, à compter du jour desdites offres, sous les mêmes peines ci-devant expliquées, & ordonner enfin que l'Arrêt qui interviendra, sera executé nonobstant toutes oppositions & autres
empêchemens quelconques, dont si aucuns interviennent, Sa Majesté se réservera la connoissance, & icelle interdira à toutes ses
Cours & autres Juges. Vû aussi l'Edit du mois de Décembre mil
sept cent quatre, celui du mois de Juillet mil sept cent cinq, celui du mois de Septembre mil sept cent six, & celui du mois de
Novembre mil sept cent treize, la Sentence du Sieur Lieutenant

Général de Police du dix-huit Juillet mil fept cent trente-deux ;
les Actes d'appels de ladite Sentence interjetés par lefdits Richer,
Dauphin, Jarry & Confors, au Parlement de Paris les fix & vingt
Août mil fept cent trente-deux; enfemble les autres Pieces & Mé-
moires produits par la Communauté. Oüi le rapport du SieurOrry,
Confeiller d'Etat & ordinaire au Confeil Royal, Controlleur
Général des Finances, LE ROI EN SON CONSEIL, fans s'arrêter à l'appel interjetté par les nommés Jerôme Richer, Louis
Jarry, Dauphin & Confors, les fix & vingt Août mil fept cent
trente-deux, ni à tout ce qui a fuivi, a Ordonné & Ordonne que
la Sentence renduë par le Sieur Lieutenant Général de Police le
dix-huit Juillet précédent, fera exécutée felon fa forme & teneur ; & en conféquence que ledit Richer fera tenu de recevoir
la fomme d'onze cens livres à lui offerte par la Communauté des
Limonadiers de Paris, pour le rembourfement de fon Privilége;
enfemble les frais de reception, fi aucuns y a, & d'en donner
quittance à la premiere fommation qui lui fera faite ; finon & à
faute de ce faire, que ladite Communauté pourra configner ladite fomme ès mains du Receveur des Confignations, au moyen
de quoi elle en fera & demeurera bien & valablement quitte &
déchargée; ordonne en outre Sa Majefté, qu'à compter du jour
de la fignification du préfent Arrêt, ledit Richer fera tenu de ceffer fon commerce de Limonadier, & de rapporter fon Privilége
trois jours après au Bureau de la Communauté pour y être batonné, & ce à peine de confifcation des marchandifes trouvées chez
lui en contravention, de cinq cens livres d'amende, & de tous
dépens, dommages & interêts. Veut au furplus Sa Majefté, que
conformément à l'Edit du mois de Novembre mil fept cent treize, la Communauté des Limonadiers puiffe rembourfer, quand
bon lui femblera, aufdits Jarry, Dauphin & Confors, qui ont
acquis partie des cinq cens Priviléges créés par l'Edit du mois de
Septembre mil fept cent fix, les fommes qu'ils ont payées, tant
pour la finance que pour les deux fols pour livre; & qu'au moyen
du rembourfement qui fera ainfi fait, lefdits Priviléges foient
éteints & fupprimés, & ceux à qui les rembourfemens auront été
faits, tenus de les rapporter au Bureau de la Communauté pour
être batonnés; & fera le préfent Arrêt exécuté, nonobftant oppofition ou autre empêchement quelconque, dont fi aucuns interviennent, Sa Majefté s'en eft réfervé la connoiffance à elle & à

fon Confeil, & à icelle interdite à toutes Cours & autres Juges.
Fait au Confeil d'Etat du Roi, tenu à Verfailles le vingt-un
Avril mil fept cent trente-trois. Collationné. *Signé*, de Vougny,
paraphe.

Et plus bas eft écrit. *Les vingtiéme jour de May & fixiéme jour
d'Août mil fept cent trente-trois, à la Requête de la Communauté des
Maîtres Limonadiers, Marchands Diftillateurs d'Eau-de-vie & autres Liqueurs de la Ville de Paris, qui a élû domicile en la maifon
de Me. Thorel Avocat ès Confeils du Roi, fcize à Paris, ruë & cour
des Mathurins, fignifié, laiffé copie du préfent Arrêt du Confeil, aux
fins y contenuës, au fieur Jerôme Richer, Marchand Epicier à Paris,
en fon domicile à Paris, ruë Saint Martin, près la ruë aux Ours,
parlant à fon Garçon de Boutique.

A la Dame veuve du fieur Gilbert Berieux, Marchande Epiciere,
en fon domicile ruë du Petit-Pont, près la ruë de la Huchette, parlant à fa perfonne.

Au fieur Jean-Louis Brouet, Marchand Epicier, en fon domicile
ruë Dauphine, au-deffus de la ruë Contrefcarpe, parlant à fa perfonne.

Et au fieur Louis Jarry, auffi Marchand Epicier, en fon domicile, ruë Saint Antoine, près les Jefuites, parlant à fa perfonne, à
ce qu'ils n'en ignorent, par nous Huiffier ordinaire du Roi en fes Confeils.* Signés, Pinchon & de Seignerolle, avec paraphe.

# AUTRE ARREST DU CONSEIL
## Du 8 Septembre 1733.

QUI *permet aux Epiciers de vendre des Liqueurs en piéces
ou en caiffes, contenant fix douzaines de bouteilles au moins,
fous corde & fous balle; & leur fait défenfes d'en débiter
en bouteilles, à peine de confifcation & de 300 livres
d'amende.*

## EXTRAIT DES REGISTRES DU CONSEIL D'ETAT.

SUR la Requête préfentée au Roy étant en fon Confeil, par
les Jurez-Gardes de la Communauté des Mâîtres Limonadiers-Diftillateurs d'Eau de vie & autres liqueurs de la Ville &
Fauxbourgs

Fauxbourgs de Paris : contenant que les Lettres Patentes confirmatives de leurs Statuts, les Edits, Déclarations du Roy & Arrêts du Conseil qui leurs attribuent le droit de vendre des fruits confits à l'Eau de vie & autres liqueurs exclusivement à toutes autres personnes généralement, n'empêchent pas les Epiciers de les troubler tous les jours dans cette portion de leur commerce, ce qui cause un préjudice notable aux Supplians, & anéantiroit à la fin leur Communauté, s'il n'y étoit pourvû par Sa Majesté. La cause de ce trouble vient des modifications avec lesquelles le Parlement a enregistré par son Arrêt du vingt-trois Juin 1728. les Lettres Patentes accordées aux Supplians par Sa Majesté, le 7 Septembre 1727. Par ces Lettres Patentes, Sa Majesté conformément à un Arrêt de son Conseil Royal des Finances du 2 Septembre de la même année 1727. a maintenu & gardé la Communauté desdits Limonadiers dans le droit & faculté de vendre à l'exclusion des autres, toutes liqueurs composées d'Eau de vie & d'Esprit de vin, & fruits confits à l'Eau de vie avec défenses aux Epiciers & Appoticaires-Epiciers de les y troubler à peine de confiscation des marchandises saisies en contravention, de trois cent livres d'amende & de tous dépens, dommages & interêts; par l'enregistrement on a mis cette modification aux Lettres sans préjudice du droit appartenant aux Maîtres Epiciers, de faire venir toutes sortes de liqueurs composées d'Eau de vie & d'Esprit de vin, & fruits confits à l'Eau de vie, pour les vendre en gros seulement & non autrement. Les Epiciers ont pris occasion de-là, non-seulement de vendre des liqueurs, ou en piéces, ou en caisse, sous cordes & sous balles; mais encore d'en débiter en bouteilles, prétendant qu'il ne leur étoit défendu que d'en donner à boire dans des petis vers. Bernard Geniez Marchand Epicier, ayant entr'autres porté les choses à l'excès, les Supplians se transporterent chez lui le vingt-neuf Décembre 1728. avec le Commissaire Aubert en vertu d'une Ordonnance du sieur Lieutenant général de Police, & ils y saisirent des bouteilles de toutes sortes de liqueurs & de grandeurs que Geniez convint qu'il débitoit chez lui; ils le firent ensuite assigner par Exploit du 11 Janvier 1729. par-devant le Lieutenant général de Police, pour voir ordonner la confiscation des marchandises saisies avec amende & dépens; la Communauté des Epiciers intervint pour soutenir Geniez qui de son côté demanda la nullité de la saisie : l'affaire plaidée con-

T

tradictoirement par Sentence du 25 Février 1729. Le sieur Lieutenant général de Police, sans s'arrêter à l'intervention de la Communauté des Epiciers dont elle fût déboutée, ordonna que les Stauts des Limonadiers, les Edits & Arrêts du Conseil & Lettres Patentes regiftrées au Parlement, seroient executées selon leur forme & teneur, & en consequence il déclara la saisie faite sur Geniez bonne & valable; ordonna néanmoins que les marchandises saisies lui seroient rendues pour cette fois, sans tirer à consequence : lui fît défenses de plus à l'avenir vendre les liqueurs & ratafiats autrement qu'en gros & non en bouteille, &c. Appel au Parlement où par Arrêt du 6 Septembre 1731. la Sentence a été infirmée, les saisies faites sur Geniez ont été déclarées nulles, & les Epiciers ont été maintenus & gardés par provision dans le droit & possession de faire venir, vendre & débiter, tant en gros qu'en bouteilles, leur Esprit de vin, de composer l'Esprit de Caffé & Citronnelle, d'Angelique, de Fenouillette, d'Anis, de Geniéves, de Canelle, & toutes autres sortes de liqueurs. C'est cet Arrêt qui oblige les Supplians d'avoir recours à la justice de Sa Majesté, & lui représenter très-humblement qu'il est de l'interêt public que chaque Corps de Marchands se renferme dans les bornes de son commerce. S'il leur étoit permis d'empiéter les uns sur les autres, ils s'entredétruiroient mutuellement, & les marchandises en seroient biens moins parfaites ; car il est sensible que ceux qui s'attachent à un genre de commerce en particulier, doivent le perfectionner davantage que ceux qui s'adonnent en même tems à une infinité de commerces de différentes espéces : le principal négoce des Supplians est celui des liqueurs composées d'Esprit de vin ou d'Eau de vie, c'est le fonds de leur commerce, & c'est pourquoi tant d'Edits, de Déclarations & d'Arrêts du Conseil leur en ont confirmé le droit exclusif; ils auroient pû se plaindre de ce que le Parlement, contre la teneur expresse des Lettres Patentes & des Arrêts du Conseil, avoit permis aux Epiciers de faire ce commerce en gros seulement, mais si par amour pour la paix & par respect pour le Parlement, ils ont bien voulu ne se point élever contre cette modification, au moins ne doit-on pas lui donner une étendue en permettant aux Epiciers de débiter en bouteilles, ce qui dans l'espece du commerce dont il s'agit, fait tout le détail; on n'a jamais entendu par le commerce en gros, que celui qui se fait sous corde & sous balle, & c'est tout ce que les Epiciers

peuvent naturellement efperer ; autrement les Supplians n'auroient qu'à abandonner leurs boutiques , & il ne feroit pas poffible que leur Communauté ne s'anéantît au préjudice de Sa Majefté qui de tout tems a tiré d'eux des Finances confiderables.
Quand les Epiciers ne feront le commerce en queftion qu'en
gros , fans pouvoir le faire en bouteilles , ils ont affez d'ailleurs
de quoi fe dédomager dans l'étendue de leur commerce : mais
fi on enlevoit cette partie aux Supplians , ou fi on la leur parta-
tageoit avec d'autres , il ne leur refteroit prefque rien , & feroit-
il jufte qu'après tant de Finance dans les Coffres du Roy, Sa
Majefté leur laiffât enlever le privilege qui eft l'objet de leurs finances ? requeroient à ces caufes les Supplians qu'il plaife à Sa
Majefté, expliquant en tant que befoin la maniere dont il eft permis aux Epiciers de vendre en gros des liqueurs compofées
d'Eau de vie & d'Efprit de vin , & des fruits confits à l'Eau de
vie, leur permettent d'en vendre feulement en piéce ou en caiffe
de fix douzaines de bouteilles au moins , fous corde & fous balles , & leur faire très-exprèffes & iteratives défenfes d'en débiter
en bouteilles à peine de confifcation , trois cent livres d'amende & de tous dépens , dommages & interêts , & ordonner que
l'Arrêt qui interviendra fur la préfente Requête , fera execute
nonobftant ledit Arreft du Parlement de Paris , du fix Septembre
1731. & tous autres à ce contraires aufquels il fera derogé comme
auffi nonobftant toutes oppofitions ou autres empêchemens quelconques, dont fi aucuns interviennent, Sa Majefté fe refervera la
connoiffance & icelle interdira à toutes fes Cours & autres Juges.
Vû ladite Requête figné Thorel Avocat des Supplians, enfemble
les piéces juftificatives d'icelle. Tout confideré, oüi le rapport du
Sr. Orry Confeiller d'Etat & ordinaire au Confeil Royal, Contrôleur général des Finances. SA MAJESTE' ETANT EN SON CON-
SEIL a permis & permet aux Marchands Epiciers de vendre des
liqueurs compofées d'Eau de vie & d'Efprit de vin , & de fruits
confits à l'Eau de vie , feulement en piéces ou en caiffes , contenant fix douzaines de bouteilles au moins , fous corde & fous
balle , & leur fait très-exprèffes & itératives défenfes d'en débiter en bouteilles , à peine de confifcation & de trois cent liv-
vres d'amende. Veut Sa Majefté que le préfent Arrêt foit executé nonobftant celui du Parlement de Paris du fix Septembre
mil fept cent trente - un & toutes oppofitions ou autres empêchemens quelconques dont fi aucunes interviennent, Sa Ma-

jefté fe réferve la connoiffance. FAIT au Confeil d'Etat du Roy
Sa Majefté y étant ; tenu à Verfailles , le huitiéme jour de Septembre mil fept cent trente-trois. *Signé* , PHELIPPEAUX.

*Le cinq Octobre mil fept cent trente-trois, le préfent Arrêt du
Confeil à été fignifié aux fins contenues , à la Communauté des Maî-
tres & Marchands Epiciers à Paris en leur Bureau Cloitre Saint
Oportune , par nous Huiffier ordinaire du Roy en fes Confeils.*
Signé , PINCHON.

# SENTENCE DE POLICE,
## du 8 Janvier 1734.

QUI *ordonne l'exécution de l'Arrêt du Confeil du 8 Septembre* 1733. *en confequence , déclare valable la faifie
faite fur le fieur Marfondet Marchand Epicier , de Ratafiat & Liqueurs qu'il vendoit & débitoit en fa Maifon,
en contravention audit Arrêt ; prononce la confifcation des
chofes faifies , au profit des Jurez-Gardes Limonadiers , lui
fait défenfes & à tous autres Marchands Epiciers de
vendre aucuns Ratafiats & Liqueurs , fi ce n'eft en Piéce
ou en Caiffe contenant fix douzaines de Bouteilles au moins,
fous corde & fous balle : condamne ledit Marfondet en
vingt livres de dommages , interêts , en l'amende de* 300
*livres portée par ledit Arrêt du Confeil, & aux dépens.*

A TOUS ceux qui ces préfentes Lettres verront: Gabriel-
Jerôme de Bullion , Chevalier - Comte d'Efclimont ,
Meftre de Camp du Regiment de Provence , Infanterie , Prevôt
de Paris : SALUT, Sçavoir faifons , que fur la Requête faite en
Jugement devant Nous , à l'Audience de la Chambre de Police
du Châtelet de Paris , par Me. Armand Regnard le Jeune , Procureur des Jurez & Gardes en charge de la Communauté des Maîtres Diftillateurs Marchands d'Eau de vie & de toutes fortes de Liqueurs , à Paris ; ayant par procès verbal du deux Janvier préfent
mois , en vertu d'une Ordonnance étant au bas de la Requête

à Nous préfentée le dix-neuf Novembre dernier, & en préfence de Me Dubois Commiffaire, fait faifir fur le ci-après nommé, des liqueurs & uftancilles détaillées au procès verbal &
trouvées en contravention ; & Demandeur en validité de ladite faifie, confifcation des chofes faifies, fermeture de Boutique, avec amende, dommages, interêts & dépens, fuivant l'affignation portée audit procès verbal fait par Rouffel Huiffier à
cheval, contrôlée & préfentée contre le Sieur Marfondet Marchand Epicier à Paris, Partie faifie & Défendeur. Oüi ledit
Me. Regnard en fon Plaidoyer, & par vertu du défaut de Nous
donné contre ledit Défendeur non comparant, ni Procureur
pour lui, duement appellé : lecture faite des Pieces, NOUS difons que les Statuts de la Communauté des Parties de Regnard,
Arrêts, Sentences & réglemens de Police rendus en confequence,
& notamment l'Arrêt du Confeil du huit Septembre dernier feront executez felon leur forme & teneur, ce faifant, avons la faifie
faite fur la Partie défaillante à la Requête des Parties de Regnard,
des Ratafiat & liqueurs qu'elle vendoit, débitoit & avoit en fa
maifon, déclaré bonne & valable, les avons confifquées au profit
perfonnel des Parties de Regnard ; faifons défenfes à la Partie défaillante de récidiver, & à tous autres Marchands Epiciers
d'entreprendre fur la profeffion defdites Parties de Regnard, de
vendre & débiter aucuns Ratafiats & liqueurs, fi ce n'eft en piéce
ou en caiffe qui ne pourra être moindre de fix douzaines de bouteilles fous corde & fous balle, & ce fous plus grande peine ;
& pour la contravention commife par ladite Partie défaillante,
le condamnons en vingt livres de dommages, interêts envers
lefdites Parties de Regnard, en l'amende portée par lefdits Arrêts du Confeil, & aux dépens ; & fera la préfente Sentence imprimée, lûe, publiée & affichée par tout où befoin fera, ce qui
fera executé nonobftant & fans préjudice de l'Appel, & foit fignifié ; en temoin de ce nous avons fait fceller ces préfentes.
ce fût fait & donné par Meffire René Herault, Chevalier, Seigneur de Fontaine-l'Abbé, Vaucreffon & autres lieux, Confeiller d'Etat, Lieutenant géneral de Police de la Ville, Prévôté &
Vicomté de Paris, y tenant le Siége le Vendredy huit Janvier
mil fept cent trente-quatre. Collationné *Signé*, CUIRET. Contrôlé
& fcellé.

*Signifié*, *copie de la préfente Sentence audit Sieur Marfondet y nom-*

*mé, demeurant ruë Galande, en parlant à sa femme, à ce qu'il n'en ignore, le 21 Janvier mil sept cent trente-quatre, par Jean-Jacques Roussel Huissier à cheval au Châtelet de Paris.*

---

# AUTRE SENTENCE DE POLICE,
## du 18 May 1734.

QUI *ordonne que les Fils de Maistres Limonadiers qui seront admis à la Maîtrise avant l'âge de dix-huit ans accomplis, ne pourront ouvrir Boutique qu'à ce tems, & à l'égard de ceux reçûs sans avoir atteint ledit âge, & qui ont Boutique ouverte, qu'ils seront tenus de la fermer dans un mois ; le tout à peine de saisie de leurs marchandises, confiscation d'icelles, dommages, interêts & d'amende.*

A TOUS ceux qui ces ptésentes Lettres verront : Gabriel-Hyerôme de Bullion, Chevalier - Comte d'Eclimont, Meftre de Camp du Regiment de Provence Infanterie, Conseiller du Roi en ses Conseils, Prevôt de Paris ; SALUT, sçavoir faisons, que vû par Nous René Herault, Chevalier - Seigneur de Fontaine - l'Abbé & autres lieux, Conseiller d'Etat, Lieutenant général de Police de la Ville, Prevôté & Vicomté de Paris, la Requête à Nous présentée par Joseph Joannes, Lazare Bruandet, François Gradot & François Lancial tous Jurez & Gardes en charge de la Communauté des Maîtres Distillateurs Marchands d'Eau de vie & de toutes fortes de liqueurs à Paris, tendante à ce qu'il Nous plût, vû la délibération faite le 5 Avril 1734. par lesdits susnommez & les Anciens Maîtres de leur Communauté, contrôlée à Paris le fix par Blondelu, qui autorise lesdits Jurez Gardes à faire differentes saisies, & par laquelle lesdits Jurez & Gardes & Anciens ont arrêté que les Fils de leurs Maîtres qui seroient reçûs Maîtres de leur Communauté avant dix-huit ans, ne pourroient ouvrir Boutique qu'à ce tems, & que ceux qui l'avoient ouverte, seroient tenus de la fermer ; homologuer ladite déliberation pour être executée selon fa forme & teneur, à peine de saisie & confifcation de leurs Marchandises, dommages & interêts, & de

l'amende qu'il nous plairoit impofer, & permettre aufdits Jurez
de faire tranfcrire fur le Regiftre de leur Communauté, imprimer & afficher au Bureau d'icelle, & par tout ou befoin feroit,
notre Sentence qui interviendroit fur ladite requête, laquelle feroit executée nonobftant & fans préjudice de l'appel; ladite Requête figné REGNARD le jeune Procureur au Châtelet; notre Ordonnance étant au bas d'icelle, en date du premier May 1734.
de foit communiquée au Procureur du Roy, fes conclufions
étant enfuite du dix defdits mois & an : Vû auffi copie de ladite
déliberation : Et le tout confideré, NOUS du confentement
du Procureur du Roy, DISONS que la fufdite déliberation eft &
l'avons homologuée pour être executée felon fa forme & teneur,
ce faifant ordonnons que les Fils de Maîtres Limonadiers qui
feront admis à la Maîtrife, fans avoir l'âge de dix-huit ans accomplis, ne pourront ouvrir Boutique avant ce tems, à peine
de faifie de leurs marchandifes, confifcation d'icelles, dommages, intérêts & amende : Ordonnons, pareillement que les
Fils de Maître Limonadiers reçûs à la Maîtrife fans avoir atteins
ledit âge, & qui ont Boutique ouverte, feront tenus de la fermer dans un mois, fous les mêmes peines que deffus : permettons aufdits Jurez de faire imprimer, publier & afficher la préfente Sentence au Bureau de ladite Communauté, & par tout
où befoin fera, même de la faire tranfcrire fur le Regiftre de ladite Communauté, ce qui fera executé nonobftant & fans préjudice de l'appel. En témoin de ce nous avons fait fceller ces
Préfentes : Ce fut fait & donné par Nous Juge fufdit, le
Mardy 18 May 1734. Signé par collation, TARDIVEAU. Et fcellé. Signé, SAUVAGE.

# ARREST DU PARLEMENT,
## Du 22 Août 1735.

Rendu entre la Communauté des Maîtres Diftillateurs-Limonadiers d'une part.

*Et François Cheron & Daniel Couper d'autre.*

*Qui confirme le Réglement pour l'ouverture de Boutique par les fils de Maître: fait défenfes de recevoir aucuns apprentifs audeffus de 22 ans non mariez, lefquels reprefenteront leurs Extraits-Baptiftaires ; fait auffi défenfes de recevoir à la Maîtrife en vertu de Privileges créés par l'Edit de 1706.*

PAR lequel LA COUR a ordonné que les Status, Edits & Déclarations enregiftrez en la Cour, enfemble les Sentences de Reglemens obtenues par la Communauté des Limonadiers pour l'ouverture des Boutiques par les fils de Maîtres feront exécutez felon leur forme & teneur, fait défenfes aux Jurez & Gardes actuellement en Charge & à ceux qui leur fuccederont à l'avenir de recevoir aucuns apprentifs au-deffus de l'âge de vingt-deux ans non mariez, lefquels apprentifs en fe préfentant feront obligez de repréfenter leur Extrait baptiftaire à peine de nullité des Brevets d'apprentiffage, dommages & interêts contre qui il appartiendra, fait pareillement défenfes aufdits Jurez & Gardes de recevoir à l'avenir à la Maîtrife aucuns Maîtres en vertu des Privileges créez par l'Edit de 1706. ni aucuns autres que ceux qui auront fait le tems d'apprentiffage conformément aufdits Statuts, Edits & Déclarations à peine de nullité defdites receptions, & par les Jurez qui les auront reçûs, d'être privez de la Jurande, même de répondre en leurs propres & privez noms fans repetition de toutes pertes, dépens, dommages & interêts, fur le furplus des Requêtes, demandes, fins & conclufions des Parties, les a mis hors de Cour, condamne la Communauté des Limonadiers en tous les dépens envers lefdits Defgranges, Joannes dit Beaulieu, Gilles & Jean-Baptifte Regnier, Yforches, Carrier, Maillet, Ginet, Toftain, Boucaut, Allou, Weillet, Nocher,

Nocher , Buzelier , Rebergue , Pinon , Martin , & Guy & fa femme par eux faits , tant au Châtelet qu'en la Cour , même en ceux réfervez , dépens compenfez entre ladite Communauté ; Couper , Cheron , Bourbon , Duval , Seigneuret & Laumier , lefquels dépens lefdits Jurez & Gardes pourront avec ceux par eux faits employer dans leur compte de Jurande. Mandons mettre le préfent Arrêt à execution felon fa forme & teneur ; de ce faire donnons pouvoir. Fait en Parlement le 22 Août , l'an de grace 1735. & de notre Regne le vingtiéme. Collationné. *Signé* , AZAN par la Chambre. *Signé* , DUFRANC.

---

# ARREST DU CONSEIL D'ETAT,
## du 22 Août 1736.

*Par lequel le Roy a ordonné que Jean Regnault feroit reçu Maître Li-monadier, nonobftant qu'il n'avoit point fait d'apprentiffage en payant 1000 liv. pour les droits de la Communauté , & 350 liv. pour les droits revenans aux Anciens, Modernes & Jeunes Maîtres d'icelle.*

### EXTRAIT DES REGISTRES DU CONSEIL D'ETAT.

SUR la Requête préfentée au Roy étant en fon Confeil , par Jean Henault , contenant qu'ayant travaillé pendant plufieurs années, tant chez les Maîtres Limonadiers de la Ville de Paris, qu'à fervir dans les Offices de plufieurs perfonnes de condition , il a appris parfaitement tout ce qui dépend de la profeffion de Limonadier, dans laquelle il défiroit fe faire recevoir: mais comme il n'a point fait d'apprentiffage & que les Jurez pourroient faire quelque difficulté de l'admettre , & que le Suppliant eft informé que les nommez Etienne Ollivier, François Gaumard, Remy le Clerc & Pafquier Gallois, ont été reçûs dans cette Communauté en vertu des Arrêts de Sa Majefté des 6 May, 27 Septembre 1732. & 13 Juin 1735. ainfi que cela s'eft pratiqué dans plufieurs Communautés fans avoir fait aucun apprentiffage, qui eft le cas dans lequel ledit Renault fe trouve , ce qui l'obligeoit d'avoir recours à S. M. & la fupplioit très-humblement de lui faire la même grace. LE ROY étant en fon Confeil, ayant égard à la Requête dudit Renault a ordonné & ordonne qu'il fera reçû dans la Communauté des Maîtres Limonadiers de Paris , nonobftant qu'il n'ait point fait d'apprentiffage dans la Ville,

V

dont Sa Majefté le difpenfe, dérogeant à cet effet à toutes les difpofitions des Statuts, Arrêts & Reglemens de ladite Communauté à cet égard, fans toutesfois tirer à confequence en payant par ledit Renault la fomme de mille livres pour la Communauté & trois cent cinquante livres pour les droits revenans aux Jurez Anciens Maîtres de la Communauté pour leur droit de préfence, y compris la Lettre de Maîtrife, & en fatisfaifant à toutes les autres formalitez preferites par les Statuts & Reglemens de ladite Communauté. F A I T au Confeil d'Etat du Roy Sa Majefté y étant à Compiegne le 22 Août mil fept cent trente-fix. *Signé*, PHÉLYPEAUX avec paraphe.

*Le vingtiéme jour d'Août mil fept cent trente-huit à la Requête du fieur Jean Renault demeurant à Paris rue Françoife Paroiffe Saint Sauveur, fignifié & laiffé la préfente copie d'Arrêt aux fins y contenues à la Communauté des Maîtres Limonadiers de la Ville de Paris en leur Bureau parlant au nommé en l'original par Nous Huiffier ordinaire du Roy en fes Confeils.* Signé, MARON *avec paraphe.*

# SENTENCE DE POLICE,
## du 8 Février 1737.

*QUI, en ordonnant l'exécution de celle du 18 May 1734. confirmée par Arrêt du Parlement du 22 Août 1735. déclare valable la faifie faite fur le nommé Savy, tenant Boutique ouverte, fous le nom de Claude-Louis Suzanne, & fur ledit Suzanne : Fait défenfes aux Fils de Maîtres Limonadiers, qui font admis à la Maîtrife de Limonadier, d'ouvrir Boutique qu'après avoir atteint l'âge de 18 ans accomplis, & reprefenté aux Jurez-Gardes en charge leurs Extraits-Baptiftaires, que lefdits Sieurs Jurez-Gardes feront tenus de vifer & dont ils feront mention fur le Regiftre fervant à enregiftrer les Brevets d'apprentiffage, ou à enregiftrer les Receptions de Maîtres, & condamne lefdits Savy & Suzanne aux dépens.*

A TOUS ceux qui ces préfentes Lettres verront : Gabriel-Jerôme de Bullion, Chevalier, Comte d'Efclimont, Meftre de Camp du Regiment de Provence Infanterie, Confeiller du Roi en tous fes Confeils, Prévôt de Paris ; S A L U T. Sçavoir

faifons ; que fur la Requête faite en Jugement devant nous
à l'Audience de la Chambre de Police du Châtelet de Paris,
par Me. Regnard le jeune, Procureur des fieurs Jurez-Gardes
en charge de la Communauté des Maîtres Limonadiers-Diftillateurs à Paris, ayant par procès verbal du 18. Juin dernier fait
faifir des Uftenciles & Marchandifes de Limonadiers étant en
contraventions, fur les cy-après nommez, demandeurs aux fins
de l'affignation étant enfuite dudit procès verbal fait par Rouffel, Huiffier à Cheval en cette Cour, duement contrôlé & prefenté, notre Ordonnance étant au bas du procès verbal, fait en
notre Hôtel le 19 Juin dernier ; Et encore demandeurs en confirmation de l'avis de M. le Procureur du Roy, du 6. Juillet
dernier, fuivant l'Exploit du 11 dudit mois de Juillet, fait par
ledit Rouffel, duement contrôlé & prefenté ; & la Requête verballe du 23 dudit mois de Juillet, aux fins y portez ; affifté de Me.
Frouard, leur Avocat, contre Me Beauchen, Procureur de Claude-Louis Suzanne fils, Maître Limonadier à Paris, & de Claude Suzanne pere Maître Diftillateur, Marchand d'Eau de vie
à Paris, prenant tous deux le fait & caufe du nommé Savy,
dit Petit, Partie faifie, défendeur, affifté de Me. Thiebart, leur
Avocat : PARTIES OUIES. NOUS DISONS que les Statuts,
Edits, Déclarations, Sentences & Reglemens de Police feront
executez felon leur forme & teneur & nottamment notre Sentence du 18. May 1734. & Arrêt confirmatif du 22 Août 1735.
Ce faifant avons la Saifie, faite à la Requête des Parties de
Frouard, fur le nommé Savy, tenant Boutique ouverte, fous le
nom de Claude-Louis Suzanne, & fur ledit Suzanne, partie de
Thiebart, déclarée bonne & valable ; & cependant par grace,
fans tirer à confequence. Difons que les chofes faifies feront rendues ; faifons défenfes aux Fils de Maîtres Limonadiers admis à
la Maîtrife, d'ouvrir Boutique qu'après avoir atteint l'âge de 18
ans accomplis, & reprefenté aux Jurez en charge de la Communauté defdites Parties de Frouard, leurs Extraits-Baptiftaires
qu'ils feront tenus de vifer & dont ils feront mention fur le
Regiftre fervant à enregiftrer les Brevets d'apprentiffage : Et fera
la prefente Sentence imprimée & affichée au Bureau, aux frais
defdites Parties de Thiebart, que nous condamnons aux dépens ; ce qui fera executé nonobftant & fans préjudice de l'appel : en témoin de ce Nous avons fait fceller ces préfentes. Ce
fut fait & donné par Meffire René Hérault, Chevalier-Seigneur

de Fontaine-l'Abé, Vaucreffon & autres lieux, Confeiller d E-
tat & Lieuenant général de Police de la Ville, Prevôté & Vicomté de Paris, tenant le Siege le Vendredy huit Février mil
fet cent trente-fept. Collationné. *Signé*, Cuiret.

*Signifié & baillé copie à Me. Beauchen, à domicile le 10 Fé-*
*vrier 1737.* Signé Cronu.

## DELIBERATIONS DE LA COMMUNAUTE',
### en datte des 1. 3. & 6. Juillet 1737. & Sentence
### d'homologation du 26 dudit mois.

*Portant que pendant l'efpace de dix années, il ne fera reçu*
*aucun apprentif, à peine de nullité des Brevéts, de qua-*
*tre cent livres de dommages & interêts contre les Jurez-*
*Gardes & d'être déchus de leur Jurande, & de trois*
*cent livres de dommages & interêts contre les Maîtres qui*
*feront des apprentifs.*

SUR la repréfentation faite par les Jurez-Gardes de prefent
en Charge, que le nombre des Maîtres eft actuellement fi
confidérable, qu'il y auroit à craindre que fi l'on continuoit d'admettre des apprentifs la Communauté ne put fe foutenir, fur quoi
arrêté. QUE pendant dix années, à compter du jour de l'homologation de la préfente Délibération, qui fera pourfuivie à la
requête des Jurez-Gardes, devant M. le Lieutenant géneral
de Police, aucuns des Maîtres, actuellement reçûs ni ceux à
recevoir, pendant ledit tems de dix années, ne pourront admettre aucuns apprentifs dans la profeffion de Limonadier, à
peine de nullité du Brevet d'apprentiffage & de trois cent liv.
de dommages & interêts, applicable ; Sçavoir, moitié au profit des pauvres de la Communauté, & l'autre moitié au profit de
la Confrairie de lad. Communauté, & contre les Jurez-Gardes
de quatre cent livres folidairement, applicable comme deffus,
d'être déchus & privez de la Jurande, fans que la peine puiffe
être réputée comminatoire, mais de rigueur, & à cet effet qu'il
fera permis de faire affembler les Maîtres, Anciens, Modernes

& Jeunes ; pardevant M. le Procureur du Roy ; pour nommer d'autres Jurez, fans qu'il foit néceffaire de demander la deftitution de ceux qui auroient admis des apprentifs, pendant ledit tems de dix années ; & attendu que tous les Maîtres ne font ici préfens, que les autres feront convoquez par deux autres jours differens, pour applaudir ou contefter la préfente délibération ; & pour la faire homologuer fera donné pouvoir, par lefdits Jurez-Gardes de préfent en Charge & ceux qui leur fuccederont, à Me. Armand Regnard le jeune, Procureur au Châtelet & de ladite Communauté, & que tous les frais & débourcez, qui feront faits par lefdits Jurez-Gardes & ceux qu'il conviendra faire, en execution de la Sentence qui homologuera ladite Déliberation, leur feront allouez dans leur compte de Jurande.

# SENTENCE DE POLICE,

## Du 26 Juillet 1737.

*Rendue fur les conclufions de M. le Procureur du Roi, qui ordonne que les Déliberations, ci-deffus, feront executées felon leur forme & teneur.*

A TOUS ceux qui ces prefentes Lettres verront, Gabriel-Jerôme de Bullion, Chevalier - Comte d'Eclimont, Meftre de Camp du Regiment de Provence Infanterie, Confeiller du Roi en tous fes Confeils, Prevôt de la Ville, Prevôté & Vicomté de Paris : SALUT ; fçavoir faifons. Que vû par Nous René Hérault, Chevalier-Seigneur de Fontaine l'Abbé, Vaucreffon & autres lieux, Confeiller d'Etat, Lieutenant géneral de Police de la Ville, Prévôté & Vicomté de Paris, la Requête à Nous prefentée, par les Jurez-Gardes en Charge de la Communauté des Maîtres Diftillateurs, Marchands d'Eau de vie & de toutes fortes de Liqueurs, à Paris ; tendante à ce qu'il Nous plût, vû les Déliberations étant en tête de ladite Requête, prifes par les Jurez-Gardes en Charge, Anciens, Modernes & jeunes Maîtres de leur Communauté, dans le Bureau d'icelle, les premier, trois & fix des préfens mois & an, les homologuer pour être executées felon leur forme & teneur, ladite requête fignée Regnard le jeune ; Procureur au Châtelet & Procureur defdits Jurez & Communauté , notre Ordonnance étant enfuite du dix-fept defdits mois & de foit montré & communiqué au Procureur du Roy ; fes conclufions étant enfuite du vingt-fix defdits mois & an ; Vû auffi lefdites trois Déliberations en dattes des premier , trois & 6 Juillet mil fept cent trente-fept, fignées pour copie PINON, WEILLIET ,GAUDIN & BUSILLIER , dûement contrôlées le dix defdits mois & an , par Blondel , lefdites copies étant en tête de ladite requête ; ET TOUT CONSIDERE'. NOUS, du confentement du Procureur du Roy , difons que les fufdites Déliberations fus-dattées font & demeureront homologuées , pour être executées felon leur forme & teneur : ce qui fera executé nonobftant & fans préjudice de l'appel : en témoin de ce Nous avons fait fceller ces Préfentes. Ce fut fait & donné par Nous Juge fufdit , le vingt-fixiéme jour de Juillet mil fept cent trente-fept. Collationné. *Signé* , DEBEAUVAIS. Et fcellé.

# AUTRES DELIBERATIONS,
du premier Août 1737. homologuées par Sentence du 17 Septembre fuivant.

*Pour la difcipline des Garçons fervant les Maîtres , fous les peines y portées.*

LES Jurez-Gardes en Charge , Anciens Jurez-Gardes , Modernes & jeunes Maîtres de ladite Communauté , affemblez ; fur la reprefentation defdits Gardes en Charge de la facilité des Maîtres pour les Garçons , & de la trop grande licence des Garçons , qui eft très-préjudiciable aux Maîtres , ont déliberé & arrêté les Articles qui fuivent.

### ARTICLE PREMIER.
Que les Sentences de Monfieur le Lieutenant général de Police des 23 Mars 1728. & 23. Avril 1732. portant défenfes à tous Maîtres de ladite Communauté de recevoir aucuns Garçons fortant de chez les Maîtres d'icelle , qu'ils ne leur rapportent le confentement par écrit des derniers Maîtres de chez lefquels ils fortiront , avec un Certificat de leurs bonnes vies &

mœurs , du tems qu'ils auront été chez eux , & aux Garçons de quitter le fervice de leurs Maîtres fans les en avertir auparavant , à peine de dix livres d'amende, feront executez felon leur for-me & teneur.

## I I.

Que tous les Garçons Limonadiers qui fervent actuellement en ladite qualité chez les Maîtres, feront tenus de fe retirer fans délai au Bureau, les Lundis matin & autres jours, pour y être leurs noms , fur-noms , leur âge, le liéu de leur naiffance ; pour ceux qui ne font pas apprentifs de Ville, & les noms des Maî-tres qu'ils fervent, pour y être inferé dans un Regiftre qui fera à cet effet tenu audit Bureau, lequel Regiftre fera paraphé par Monfieur le Lieutenant géneral de Police , duquel enregiftre-ment fera délivré un double aufdits Garçons, qui fera figné d'un defdits Jurez-Gardes de ladite Communauté.

## I I I.

Que nul Maître ne pourra garder à fon fervice aucuns Gar-çons qu'il ne lui ait juftifié de fon enregiftrement au Bureau en la forme ci-deffus, à peine de cent livres d'amende pour chacune contravention.

## I V.

Qu'auffitôt la fortie d'un Garçon du Service d'un Maître, le-dit Garçon fera tenu d'en faire fa déclaration audit Bureau, la-quelle fera infcrite fur le Regiftre , & le double d'icelle à lui delivré pour pouvoir entrer au fervice d'un autre Maître , lequel ne pourra néanmoins le recevoir qu'il n'ait dudit dernier Maître qu'il aura quitté, le Certificat de fes bonnes vies & mœurs, conformément à la Sentence du 23 Avril 1732. qui fera exe-cutée felon fa forme & teneur ; & lorfque le Garçon y fera en-tré, il fera tenu d'en faire fa déclaration au Bureau qui fera inf-crit fur le Regiftre , & le double à lui délivré, à peine contre ledit Maître & le Garçon de 100 livres d'amende folidairement.

## V.

Et au cas que les Maîtres d'où les Garçons feront fortis re-fufent de leur donner ( ou au Maître au fervice duquel ils s'of-friront) leur Certificat de leurs bonnes vies & mœurs portant confentement de fervir où bon leur femblera : Seront tenus lefdits Garçons & les Maîtres auquel ce refus aura été fait, d'en porter leurs plaintes aux Jurez-Gardes en leur Bureau, où les Maîtres refufans feront mandez pour en dire les caufes ; &

faute par eux de le faire, les Jurez-Gardes pourront donner aux
Garçons leur confentement de fe pourvoir d'autre Maître, &
y faire le fervice, fans que les Maîtres d'où ils feront fortis puiffent les inquietter, ni ceux au fervice defquels ils feront entrez,
dont il fera fait mention fur le Regiftre, & le double delivré aux
Maîtres & Garçons.

## V I.

Enfin, que perfonne ne pourra placer les Garçons que par
le Clerc de ladite Communauté.

## SENTENCE DE POLICE,

### du 17 Septembre 1737.

*Rendue par Monfieur le Lieutenant Général de Police fur*
*les Conclufions de M. le Procureur du Roy, qui ordonne*
*que la Déliberation ci-deffus fera executée felon fa forme &*
*teneur.*

A TOUS ceux qui ces préfentes Lettres verront, Gabriel-
Jerôme de Bullion, Chevalier, Comte d'Efclimont, Meftre de Camp du Regiment de Provence Infanterie, Confeiller
du Roi en tous fes Confeils, Prevôt de la Ville, Prévoté & Vicomté de Paris : SALUT. Sçavoir faifons : que vû par Nous René
Hérault, Chevalier-Seigneur de Fontaine-l'Abbé, Vaucreffon,
& autres lieux, Confeiller d'Etat, Lieutenant géneral de Police
de la Ville, Prevôté & V Vicomté de Paris, la Requête à Nous
préfentée par les Jurez & Gardes en Charge de la Communauté des Maîtres Diftillateurs & Marchands d'Eau de vie & de
toutes fortes de Liqueurs à Paris, tendante à ce qu'il Nous plût,
vû la déliberation prife en leur Communauté par les Anciens,
Modernes & jeunes Maîtres d'icelle affemblez le premier Août
1737. tranfcrite en tête de ladite Requête, homologuer icelle
déliberation pour être executée felon fa forme & teneur ; laquelle, ainfi que notre Sentence qui interviendroit, feroient impri-
mées & infcrites fur le Regiftre des Déliberations de ladite
Communauté ; ladite Requête fignée Regnard le jeune, Procureur au Châtelet, Procureur de ladite Communauté, notre Ordonnance

donnance étant au bas d'icelle, en datte du 9 defdits mois &
an de foit communiqué au Procureur du Roy, fes Conclufions
étant enfuite du 29 defdits mois & an : Vû auffi lad. Déliberation
du premier jour dudit mois d'Août 1737. fur la repréfentation
defdits Jurez & Gardes, contenant cinq Articles au fujet de l'ar-
rangement & Reglement dans ladite Communauté, à l'occafion
des Garçons qui fervoient les Maîtres d'icelle, à faire leur devoir; ladite Déliberation dûement contrôlée le 7 defdits mois &
an par Blondelu, étant en tête de ladite Requête: Vû auffi nos
Sentences des vingt-trois Mars mil fept cent vingt-huit, & vingt-
trois Avril mil fept cent trente-deux : Et le tout confideré, NOUS
du confentement du Procureur du Roy, DISONS que la fufdite
Déliberation eft & demeurera homologuée, pour être executée
felon fa forme & teneur: Permettons aufdits Jurez de préfent
en Charge de lad. Communauté d'enregiftrer la préfente Sentence fur les Regiftres de ladite Communauté, & de la faire imprimer, lire, publier & afficher au Bureau d'icelle, & par tout où
befoin fera; ce qui fera executé nonobftant & fans préjudice de
l'appel; En témoin de ce, Nous avons fait fceller ces Préfentes.
Ce fut fait & donné par Nous Jugé fufdit, le dix-fept Septembre mil fept cent trente-fept. Collationné. *Signé*, DEBEAUVAIS.
Et fcellé le 19 Novembre mil fept cent trente-fept.

*Signé*, SAUVAGE.

---

# AUTRE SENTENCE DE POLICE,
## du 22 May 1738.

*Portant homologation d'une Déliberation de la Communauté
des Maîtres Diftillateurs Marchands d'Eau de vie, &
de toutes fortes de Liqueurs, qui ordonne que les Maîtres & Veuves d'icelle Communauté, feront tenus dans un
mois de faire mettre leurs noms à leurs Enfeignes ou Tableau de leurs Boutiques, à peine de dix livres d'amende au profit de la la Confrairie de ladite Communauté.*

A TOUS ceux qui ces préfentes Lettres verront; Gabriel-
Jerôme de Bullion, Chevalier, Comte d'Efclimont, Seigneur de Wideville, Crefpierres, Mareil, Montainville &

X

autres lieux, Maréchal des Camps & Armées du Roy, son Conseiller en tous ses Conseils, Prévôt de Paris ; S A L U T. Sçavoir
faisons, que l'an mil sept cent trente - huit , le vingt-deux Mai;
Vû par Nous René Hérault , Chevalier, Seigneur de Fontaine-
l'Abbé , Vaucresson & autres lieux , Conseiller d'Etat , Lieutenant géneral de Police de la Ville , Prévôté & Vicomté de Paris ; la Requête à Nous présentée par les Jurez-Gardes en Charge de la Communauté des Maîtres Distillateurs, Marchands
d'Eau de vie, & de toutes sortes de Liqueurs, à Paris, tendante
à ce qu'il Nous plût homologuer la déliberation prise en leur
Communauté par les Maîtres d'icelles, le vingt-neuf Janvier mil-
sept cent trente-huit, transcrite en tête de ladite Requête, pour
être executée selon sa forme & teneur, en tout son contenu. Ce
faisant, que lesdits Maîtres & veuves de leur Communauté seroient tenus dans un mois au plûtard, de faire inscrire leurs noms à
leurs enseignes ou Tableau de leurs Boutiques, & ce, à peine de
telle amende qu'il Nous plairoit imposer aux refusans de le faire,
ladite requête signée Regnard, Procureur au Châtelet, Procureur
de ladite Communauté, Notre Ordonnance étant au bas d'icelle
en datte du 19 Mars mil sept cent trente-huit , de soit communiqué au Procureur du Roy, ses conclusions étant ensuite du vingt-
deux May audit an ; Vû aussi la déliberation des Maîtres de ladite Communauté en datte du vingt-neuf Janvier audit an ,
expedition de laquelle déliberation est transcrite en tête de
ladite Requête , & icelle déliberation dûement contrôlée à
Paris , le dix - sept Mars audit an par Blondelu , & le pouvoir
des Jurez-Gardes en charge de ladite Communauté donné
audit Me Regnard de presenter Requête pour l'homologation
d'icelle déliberation , & le tout consideré ; NOUS, du consentement du Procureur du Roy, disons que la susdite déliberation
est & l'avons homologuée, pour être executée selon sa forme &
teneur; ordonnons que la presente Sentence sera, à la diligence
desdits Jurez de présent en charge, enregistrée sur les registres
de ladite Communauté, Imprimée, lûe, publiée & affichée dans
le Bureau d'icelle , & dans tous les lieux & carrefours accoutu-
tumez de la Ville, Fauxbourgs & banlieue de Paris, & par tout
où besoin sera, pour que tous les Maîtres & veuves de ladite
Communauté n'en prétendent cause d'ignorance, & ayent à s'y
conformer, à peine de dix liv. d'amende contre chacun des contrevenans, applicable au profit de la Communauté, ce qui sera

executé nonobſtant & ſans préjudice de l'appel ; en témoin de quoi Nous avons fait ſceller ces Préſentes. Ce fut fait & donné par Nous Juge ſuſdit, ledit jour vingt-deux May mil ſept cent trente-huit. Collationné. *Signé*, Debeauvais.

*Scellé le* 7. *Juin* 1738. Signé, Sauvage.

# ARREST DU PARLEMENT,
## du 5 Juillet 1738.

*QUI ordonne l'Enregiſtrement des Lettres Patentes du 7 Novembre 1727. & qui fait défenſes aux Epiciers-Apoticaire-Epiciers de vendre en détail, aucunes liqueurs & fruits confits à l'Eau de Vie.*

LA Cour faiſant droit ſur le tout, reçoit leſdits Maîtres & Gardes des Marchands. Merciers oppoſans à l'enregiſtrement des Lettres Patentes du 7 Novembre 1727. faiſant droit ſur leur oppoſition, ordonne que leſdits Marchands Merciers demeureront maintenus dans le droit de vendre en Boutique & en gros toutes ſortes d'Eau de vie & de liqueurs, compoſées & diſtillées, ayant aucunement égard à l'oppoſition des Maîtres & Gardes des Epiciers, à l'enregiſtrement deſdites lettres Patentes, ſans avoir égard au ſurplus, tant de leurs oppoſitions, que de celles des modernes & jeunes Epiciers, a maintenu & gardé, maintient & garde leſdits Epiciers & les Limonadiers dans le droit & poſſeſſion de vendre & débiter ; ſçavoir, les Epiciers de l'Eau de vie, même d'en donner à boire, ſans néanmoins que ceux qui en boiront, puiſſent s'attabler dans leurs boutiques, vendre & débiter des liqueurs chaudes, celles compoſées d'Eau de vie, d'Eſprit de vin & fruits confits à l'Eau de vie, en gros & en bouteilles entieres ſeulement ; & les Limonadiers, des liqueurs chaudes, Eſprits de vin, fruits confits à l'Eau de vie, tant en gros qu'en détail : permet auſdits Limonadiers de faire venir des Provinces des Eaux de vie, d'y en envoyer, & d'en vendre en gros & en d'étail en cette Ville de Paris ; maintient pareillement les Epiciers & les Limonadiers dans

X ij

le droit & poffeffion de vendre & débiter du Thé, Caffé, Chocolat & Sorbec ; fçavoir ; les Epiciers, le Caffé en feve non-
brûlé, & le Thé en feuilles, & le Sorbec en pâte ; le tout tant
en gros qu'en détail, exclufivement aux Limonadiers, & les
Limonadiers le Caffé, Thé, Chocolat & Sorbec en boiffon,
même le Caffé en grain, brûlé & en poudre, exclufivement aux
Epiciers ; & lefdits Epiciers & Limonadiers concurremment le
Chocolat en tablettes, pains, tourteaux, & rouleaux, les pifta-
ches & les diablottins ; permet tant aux Epiciers qu'aux Limo-
diers fabriquer le Chocolat, maintient les Epiciers en qualité de
Gardes de l'Etalon Royal des poids & balances de cette Ville,
dans le droit d'aller en vifite chez les Limonadiers, pour voir &
vifiter leurs poids & balances feulement, & de percevoir cinq
fols par chacune des vifites, deux fois l'année ; permet aufdits
Epiciers & Limonadiers d'aller en vifite refpectivement les uns
chez les autres, en cas de contravention en fe faifant affifter d'un
Commiffaire au Châtelet & d'un Huiffier : ayant aucunement
égard à l'intervention des fix Corps des Marchands de cette Ville
de Paris, & à la demande des Epiciers, fait défenfes aux Limonadiers de prendre la qualité de Maîtres & Gardes, mais feulement celle de Jurez-Limonadiers ; en tant que touche les appellations interjettées par lefdits Ferrand, veuve la Velle, Dujat,
Marfondet & autres, a mis & met les appellations, & ce dont
a été appellé au néant, émandant décharge ledit Ferrand, ladite veuve la Velle, & autres, des condamnations contre eux
prononcées ; leur fait main-levée définitive des marchandifes
faifies, déboute les Epiciers jeunes & modernes de leur opofi-
tion aux Arrêts des 18 Janvier 1674. & 21 Juin 1686. & de leurs
demandes, à ce que défenfes foient faites aux Limonadiers de
prendre la qualité de Diftillateurs, fans préjudice aufdits Efpiciers
de pouvoir diftiller les Eaux de vie, & autres Liqueurs, dont le
débit leur eft permis; maintient & garde lefdits Limonadiers dans
le droit de débiter, à l'exclufion des Epiciers, toutes liqueurs
froides; déboute les Epiciers jeunes & modernes de leur demande, à ce que les défaveux formez contre les Maîtres & Gardes
Epiciers en charge en 1728. & 1731. & contre ledit Poultier,
Procureur en notredite Cour, foient déclarez bons & valables; leur fait défenfes de prendre la qualité de la plus grande & de la plus faine partie de la Communauté des Epiciers; les déboute pareillement de leurs demandes au fujet

des Affemblées de leur Communauté , lefquels fe tiendront en la maniere accoutumée , & en la forme prefcrite par l'article 19 des Statuts des Epiciers : ordonne que les termes injurieux répandus dans les Requêtes des modernes & jeunes Epiciers, contre les Maîtres & Gardes en place, feront & demeureront fupprimez : fur l'intervention du Syndic des Etats de Languedoc, & fur le furplus des autres demandes , fins & conclufions des parties, les a mifes hors de Cour ; condamne les modernes & jeunes Epiciers, enfemble les Maîtres & Gardes de la Communauté des Epiciers en un fixiéme des dépens contre eux faits par les Limonadiers ; condamne lefdits modernes & jeunes Epiciers en dix livres de dommages, interêts envers ledit Poultier , & en tous les dépens , tant envers ledit Poultier qu'envers les Maîtres & Gardes des Epiciers qui étoient en charge en 1728. & 1731. tous autres dépens faits entre les Merciers , les Epiciers jeunes & modernes , les Limonadiers, les fix Corps des Marchands, le Syndic des Etats de Languedoc & autres compenfés ; ordonne que le préfent Arrêt fera imprimé, affiché, infcrit fur les Regiftres defdites Communautez. SI MANDONS mettre le préfent Arrêt à execution felon fa forme & teneur , de ce faire te donnons pouvoir. DONNE' en notredite Cour de Parlement , le cinquiéme jour de Juillet , l'an de Grace 1738. & de notre Regne le 23. Collationné, DAUVERGNE, par la Chambre, MIREY.

---

# SENTENCE DE POLICE,
## du 12 Avril 1740.

*PAR laquelle fans avoir égard à l'intervention de Louife Jeanne Drevet , veuve de Claude Planté , Maître Diftillateur , la faifie faite fur Louis Bazire , faifant cette profeffion fans qualité , a été déclarée valable avec confifcation , dommages , interêts , amende & dépens.*

A TOUS ceux qui ces préfentes Lettres verront, Gabriel-Jerôme de Bullion, Chevalier, Comte d'Efclimont, Prévôt de Paris ; SALUT : fçavoir faifons : Que fur la Requête faite en Jugement devant Nous en l'Audience de la Chambre de Police du Châtelet de Paris, par Maître Armand Regnard le Jeune,

Procureur des Jurez-Gardes en Charge de la Communauté des
Maîtres Diſtillateurs Marchands d'Eau-de-Vie & de toutes ſortes
de Liqueurs à Paris, ayant par Procès-verbal de Rouſſel Huiſſier
à Cheval en cette Cour, du 25 Janvier dernier, fait ſaiſir ſur le
ci-après nommé, des Marchandiſes & Uſtanciles qu'il vendoit & débitoit ſans qualité en contravention au préjudice des
Statuts, Arrêts & Reglemens de leur Communauté, Demandeurs
aux fins de l'aſſignation portée audit Procès-verbal, tendante afin
de validité de ſaiſie & confiſcation des choſes ſaiſies avec dommages, interêts, amande & autres fins y contenues avec dépens, défendeur aux fins de la Requête verbale d'intervention du 11 Février dernier, contre Me. Mallet Procureur de Louis Bazire, tenant
boutique ouverte, & faiſant la profeſſion de Limonadier ſans qualité, partie ſaiſie, & encore ledit Me. Mallet Procureur de Louiſe-
Jeanne Dinet veuve de Claude Planté Maître Diſtillateur, intervenante, & reclamante les choſes ſaiſies, comme ſoutenant ledit
Bazire ſon Garçon, Demandereſſe ſuivant ſa Requête verballe
ſuſdattée, & deffendereſſe, Parties ouies, lecture faite des pièces
enſemble de notre Sentence du 4 Mars dernier, qui a ordonné
que les pièces ſeroient remiſes ſur le Bureau pour en être déliberé : NOUS après qu'il en a été deliberé ſur les pièces & doſſiers
des Parties en confirmant l'avis du Procureur du Roi du 5 Février
dernier, ordonnons que les Statuts, Arrêts & Reglemens concernant la Communauté des Limonadiers, ſeront executés ſelon
leur forme & teneur, & ſans s'arrêter à l'intervention & demande
de la veuve Planté, dont elle eſt déboutée, déclarons la ſaiſie faite ſur Louis Bazire le 25 Janvier dernier, par les Jurez Limonadiers bonne & valable, ordonnons que les Marchandiſes &
uſtanciles ſaiſis ſur ledit Bazire, demeureront confiſqués au
profit deſdits Jurez, à la repréſentation d'iceux, les Gardiens & Dé-
poſitaires ſeront contraints, quoi faiſant déchargés, faiſons défenſes audit Bazire de récidiver ni entreprendre ſur la profeſſion de
Limonadier, condamnons ledit Bazire en trois livres d'amende,
& en dix livres de dommages & interêts, ſur le ſurplus des demandes mettons les Parties hors de Cour & de Procès, & condamnons ladite veuve Planté & ledit Bazire aux dépens, ce qui
ſera executé nonobſtant & ſans préjudice de l'appel, en témoin
de quoi nous avons fait ſceller ces préſentes ; ce fut fait & jugé
par Meſſire Claude-Henri Feydeau de Marville, Chevalier, Conſeiller du Roi en ſes Conſeils, Maître des Requêtes ordinaire de

fon Hôtel, Lieutenant General de Police au Châtelet de Paris, tenant le Siége le Vendredi douze Août mil fept cent quarante. Collationné. *Signé ,* C U Y R E T.

# AUTRE SENTENCE DE POLICE,
## Du 29 Avril 1740.

*Q U I déclare valable la faifie faite fur Nicolas Blin , le con-*
*damne comme ayant épousé la fille de Georges Rouffel ,*
*Maître Diftillateur à payer aux Jurez-Gardes 776 livres*
*pour fa Reception de Maître fuivant l'Edit du mois de Juil-*
*let 1705. outre les droits ordinaires & accoutumés ; &*
*faute de ce faire dans ledit délay porté par ladite Sentence.*
*Ordonne la vente des chofes faifies , condamne ledit Blin*
*en 20 livres de dommages , interêts , & jufquà fa Recep-*
*tion à la Maîtrife , ordonne la fermeture de fa Boutique ,*
*qu'il ne pourra faire la profeffion de diftillateur , & le con-*
*damne ax dépens.*

A TOUS ceux qui ces préfentes Lettres verront ; Gabriel-Jerôme de Bullion, Chevalier, Comte d'Efclimont , Pre-vôt de Paris ; SALUT, Sçavoir, faifons : que fur la Requête faite en Jugement devant Nous à l'Audiance de la Chambre de Po-lice du Châtelet de Paris , par Me Armand Regnard le jeune , Procureur des Jurez-Gardes en charge de la Communauté des Maîtres Diftillateurs , Marchands d'Eau de vie & de toutes fortes de liqueurs à Paris faififfant , demandeurs aux fins de la Requête à Nous préfentée le 9 Septembre dernier & de l'Exploit fait en vertu de notre Ordonnnance le 24 du même mois , par Rouffel Huiffier à cheval en cette Cour, duement contrôlé & prefenté , tendant afin de validité de faifie , confifcation des chofes faifies , dommages, interêts , amende & depens , défendeur à la deman-de incidente porté aux défenfes , du vingt-quatre Fevrier auffi dernier , tendante entr'autre chofe afin d'être par le ci-après nommé admis à la maîtrife comme Gendre de George Rouf-fel Maître Diftillateur, aux offres de payer 92 livres pour les droits & autres fins y contenues avec dépens, & demandeur in-cidemment fuivant leurs écritures, du 29 du même mois ten-dant afin d'infuffifance des offres qui auroit dû être de 776 liv. outre les droits defdits Jurez-Gardes, Modernes & Jeunes Maî-tres, & auffi aux autres fins y contenues avec dépens, affifté de Me Frouard leur Avocat contre Me Boucault Procureur du fieur Nicolas Blin tenant Boutique ouverte de Limonadier fans qualité, partie faifie défendeur & demandeur affifté de Me. Duret fon Avocat, parties ouyes, lecture faite des pieces, Nous di-fons que les Statuts, Arrêts & Reglemens de la Communau-té des parties de Frouard feront executé felon leur forme & teneur, en confequence avons la faifie faite fur la partie de Duret déclaré bonne & valable, condamnons la partie de Du-ret à payer à celle de Frouard la fomme de 770 liv. pour fa Maî-trife, & en outre les droits ordinaire & accoutumée pour fa reception à la Maîtrife, finon lui avons défenfes de faire le commerce des parties de Frouard & de tenir Boutique ouverte, à cet effet les parties de Frouard feront & demeureront autori-fé à faire fermer la Boutique & en payant les chofes faifies fe-ront rendues à la partie de Duret, finon & à faute de payement & de fe faire recevoir à la Maîtrife, feront vendue & les de-niers provenans de la vente rendu par grace & fans tirer à con-fequence à la partie de Duret, condamnons la partie de Du-ret en vingt livres de dommages, interêts envers les parties de Frouard & aux dépens, & après que la partie de Duret pré-fente a requis terme & délay lui avons accordé fix mois, & ce-pendant lui faifons défenfes de faire fonctions de Maître, ni de tenir Boutique ouverte, ce qui fera executé nonobftant & fans préjudice de l'appel, en témoin de quoi nous avons fait fceller ces préfentes; ce fut fait & prononcé par nous Mre Claude-Henry Feydeau de Marville, Chevalier, Confeiller du Roy en fes Confeils, Maîtres des Requêtes ordinaire de fon Hôtel, Lieutenanr Genéral de Police, tenant le fiége le Ven-dredy vingt-neuf Avril mil fept cent quarante. Collationné. *Signé*, DEBEAUVAIS. Contrôlé & fcellé & fignifié à Me Bou-cault Procureur à domicilele dix-neuf May mil fept cent quarante. *Signé*, BRUNET.


AUTRE.

# AUTRE SENTENCE DE POLICE,
## du 19 Août 1740.

*QUI déclare valable la saisie faite sur Jacques Harel,*
*Maistre Distillateur, tenant plusieurs Boutiques ouver-*
*tes en même tems, prononce la confiscation des Marchan-*
*dises & Ustanciles saisies, avec dommages, interêts,*
*amende & dépens.*

A TOUS ceux qui ces préfentes Lettres verront, Gabriel-Jerôme de Bullion, Chevalier, Comte d'Efclimont, Prévôt de Paris; S A L U T, fçavoir faifons : Que fur la Requête faite en Jugement devant Nous en la Chambre de Police du Châtelet de Paris, par Maître Armand Regnard le Jeune Procureur des Sieurs Jurez-Gardes en Charges de la Communauté des Maîtres Diftillateurs Marchands d'Eau-de-Vie, & de toutes fortes de Liqueurs de la Ville & Fauxbourgs de Paris, faififfant fur le ci-après nommé, Demandeur au principal & en exécution de notte Sentence du 15 Juillet dernier, & Défendeur à la Requête verbale d'oppofition fignifiée le premier du préfent mois d'Août, affifté de Me. Frouard leur Avocat, contre Me. Girardin Procureur de Jacques Harel Maître Diftillateur à Paris, tenant plufieurs Boutiques ouvertes de Limonadiers, en même tems, Défendeur au principal, & oppofant à l'exécution de notredite Sentence, fuivant ladite Requête verbale d'oppofition fufdattée, affifté de Me. Duret fon Avocat, Parties ouies, lecture faite de leurs piéces, NOUS avons la Partie de Duret reçu oppofante à notre Sentence, au principal avons la faifie fur elle faite à la Requête des Parties de Frouart, déclarée bonne & valable; ce faifant avons les marchandifes & uftanciles faifies fur ladite Partie de Duret, confifqué au profit defdites Parties de Frouard, à la repréfentation du tout feront les Gardiens contraints, quoi faifant déchargés, & pour la contravention commife par ladite Partie de Duret, la condamnons en fix livres de dommages & interêts, trois livres d'amende & aux dépens, ce qui fera executé nonobftant & fans préjudice de l'appel, en témoin dequoi Nous avons fait fcel-

Y

ler ces préfentes, qui furent faites & données par Meffire Claude-
Henri Feydeau de Marville, Chevalier, Confeiller du Roi en fès
Confeils, Maître des Requêtes ordinaire de fon Hôtel, Lieutenant General de Police de la Ville, Prévôté & Vicomté de Paris,
tenant le Siége le Vendredi dix-neuf Août mil fept eent quarante. Collationné. *Signé*, CUYRET.

*Fin des Piéces contenues dans ce Recueil.*

# TABLE

## DES TITRES DE LA COMMUNAUTE'

des Maîtres Diſtillateurs d'Eau-de-Vie , & de toutes autres Eaux, & Marchands d'Eau-de-Vie & autres Liqueurs, de la Ville & Fauxbourgs de Paris contenus en ce Recueil.

Y ij

# TABLE.

## TABLE.

# TABLE.

# TABLE.

# TABLE.

*Sentences*

# TABLE.

Z

# TABLE.

# TABLE.

Z ij

# TABLE.

Z iij

# TABLE.

# TABLE.

Fin de la Table des Piéces de ce Recueil.

Imprimé à la diligence des Sieurs de ROCHEBRUNE, BEAU-
VAIS, BERTAULT & DONIOL, Jurez-Gardes en Charge.